Haïti !
En avant ! Oui. Nous pouvons…

Arsène Laurent B.

Order this book online at www.trafford.com
or email orders@trafford.com

Most Trafford titles are also available at major online book retailers.

© Copyright 2011 Arsène Laurent B.
All rights reserved. No part of this publication may be reproduced, stored in a retrieval system, or transmitted, in any form or by any means, electronic, mechanical, photocopying, recording, or otherwise, without the written prior permission of the author.

Cover design by Jean André Belard

Graphic Art & Illustrations by Miguel Díaz

Print information available on the last page.

ISBN: 978-1-4269-1691-5 (sc)
ISBN: 978-1-4269-1692-2 (hc)
ISBN: 978-1-4269-8113-5 (e)

Library of Congress Control Number: 2009937376

Because of the dynamic nature of the Internet, any web addresses or links contained in this book may have changed since publication and may no longer be valid. The views expressed in this work are solely those of the author and do not necessarily reflect the views of the publisher, and the publisher hereby disclaims any responsibility for them.

Any people depicted in stock imagery provided by Getty Images are models, and such images are being used for illustrative purposes only.
Certain stock imagery © Getty Images.

Trafford rev. 11/16/2023

 www.trafford.com
North America & international
toll-free: 844-688-6899 (USA & Canada)
fax: 812 355 4082

Avant-hier et Hier. Aujourd'hui et Demain.

AVANT-HIER, LA COMPÉTENCE des colons et l'exploitation de la main d'œuvre servile ont fait de « St. Domingue », dans les bras d'un commerce international maternel, la « Perle des Antilles ».

Hier, « Haïti » a pris naissance. L'incompétence en agriculture des nouveaux propriétaires, l'ignorance des mains maintenant libres, les entraves d'une ambiance internationale de châtiment, ont exposé notre production à des risques et ont donné lieu a des échecs incontrôlés. Notre pays a reculé.

Aujourd'hui, même dans le monde agricole, notre Production, encore privée des techniques adéquates, est exposée aux caprices de la nature. Importer est plus sûr.
    Une minorité survit. Une majorité est ignorante et oisive. Notre Haïti est le pays le plus pauvre de notre hémisphère.

Demain dépend de notre présente activité. Quel est donc notre devoir ?
    Intellectuels d'Haïti ! Il vous revient de faire face à notre avenir. Une recommandation s'impose. Laissons dans l'album du savoir les merveilles des continents perdus de Lémuria et de l'Atlantide. Fermons les yeux sur le mystère du Triangle des Bermudes…. Chez nous, en Haïti, la culture de notre citoyen est méprisée. Notre Agriculture est abandonnée. L'immense terrain de la Production Industrielle n'est pas abordé. Intellectuels d'Haïti, nous comptons sur vos conclusions. Demain commence aujourd'hui.

Table des matières

Prologue ix

1.-Introduction 1

    A. - Les faits 1

    B. - L'état de notre pays 2

2.-Rapide et succincte analyse de la situation 7

    A. - Les leçons de notre Histoire 7

    B. - Notre cas spécifique 13

        Inefficience de l'Etat 13

        L'ignorance de notre Peuple 15

        Nos égarements sociopolitiques 15

3.-Considérations Générales 23

    A. - Dieu et nos malheurs 23

    B.- Vision Politique 27

        L'Etat. La Démocratie 27

        Libéralisme et Socialisme 28

        Capitalisme vs. Libéralisme & Socialisme 30

4.-Notre Solution   35

   A. - Action policière et action politique   35

   B. - L'Etat et le Peuple   37

      Action Verticale   38

         L'Education formelle   38

         Bannissement de l'obscurantisme   40

         Sortir du « régime présidentialiste »   47

         Les Elections   50

      Action Horizontale   53

         Collaboration   53

         Un Plan National de Développement   55

   C. - Le Démarrage économique   60

      Assistance d'un Capital d'Etat…   61

         A la strate dépourvue du « secteur informel »   61

         Au groupe des opérations naissantes du secteur informel   62

         Au groupe d'opération du secteur formel   63

Assistance justifiée des Organismes
    Internationaux   64

Conséquences   64

5.-La Production   67

    A. - Production artistique   67

    B. - Production agricole   68

    C. - Notre Crise énergétique   69

    D. - Production en substitution à l'importation 72

    E. - Promouvoir l'exportation   73

6.-Infrastructure et Structure   77

    A. - Captage, traitement et
        distribution de l'Eau   77

    B. - Drainage et Assainissement   78

    C. - Voies de communication   78

    D. - Hôpitaux et Centres de Maternité   79

    E. - Electricité domestique   79

    F. - Le Tourisme   80

    G. - La Police   81

7.- Notre Vision Economique   83

    A. - Les autres et Nous   83

    B. - Notre Capitalisme Socialiste   85

    C. - Notre Réserve monétaire   87

8.- Conclusions   89

    A. - La Spirale de notre Progrès   89

    B. - Notre Evolution   91

9.- Résumé   93

    A. - Education démocratique   93

    B. - Démarrage socio-économique   95

Epilogue   97

Bibliographie   101

Prologue

QUAND J'ÉCRIVAIS LES pages déjà offertes au lecteur sous le titre "L'Azimut" (Trafford Publishing, Victoria, Canada), je laissais libre cours à mon imagination. Je ne pensais pas publier les envols de ma pensée. "Je n'ai pas écrit un livre; j'ai livré un écrit" ai-je répété en occasion de l'édition mentionnée.

Aujourd'hui les choses ont changé.

Le 12 janvier 2010, un tremblement de terre, le plus désastreux de ceux qui ont déjà secoué notre pauvre Haïti, a détruit une grande partie de Port-au-Prince, et tué des milliers de nos frères.

Les pages qui suivent ont été écrites avant cette calamité. Dans leurs lignes j'ai signalé un autre malheur, une autre forme de destruction collective, mais sur laquelle nous avons fermé les yeux: L'obscurantisme. Cette autre catastrophe s'étend au delà d'une ville. Elle annule tout le pays. Elle ne fait pas de bruit, mais elle est responsable de tout notre retard national.

Un ami français a trouvé drôle un livre dans une librairie de Paris. Il m'en a apporté un exemplaire. Ce livre, écrit par Christophe Wargny, a pour titre "Haïti n'existe pas", et en sous-titre: "1804-2004 ; deux cents ans de solitude" (Edition Autrement, Paris 2004). L'auteur connaît notre passé. Il a vu le pays. Il est témoin de notre actualité politique.

A mes 89 ans d'âge, je suis triste et honteux d'entendre répéter que mon pays est le plus pauvre de cet hémisphère, et de constater qu'il ne fait rien pour sortir de cette situation. En cette année 2010, surtout après ce désastreux tremblement de terre, nous sommes encore comme avant 1804.

Pour triompher dans notre nouvelle "guerre de l'indépendance", pour avancer vers le développement national et mériter une respectueuse appréciation internationale, nous avons, maintenant, deux combats à livrer: Reconstruire notre ville capitale, et bannir l'obscurantisme dans tout notre pays.

Le premier défi s'impose. Dans le second, la simple "alphabétisation" déjà entreprise ne suffit pas.

Dans les cerveaux de nos "moun en deyo", certainement s'étouffent, encore bloqués, des potentiels d'intelligence supérieurs au nôtre.

Pour combattre et vaincre l'ignorance il nous faut, quelque en soit le coût, recourir à divulguer le savoir, grâce au miracle des nouveaux procédés d'enregistrement audiovisuel, servis par notre abondante énergie solaire.

Je m'en irai satisfait de ce monde, s'il m'est donné de voir, avec le début de la reconstruction de Port-au-Prince, la main mise à cette indispensable entreprise politique, nationale et humaine: Cultiver les potentiels abandonnés de notre intelligence nationale.

Avec l'assistance volontaire des autres nations, et sans rien perdre de notre indépendance, nous reconstruirons nos structures. Faisons aussi fleurir notre vocation ontologique! Nous n'avons pas les puissantes vertus du fameux Phénix. Nous ne "renaîtrons pas de nos cendres"... Nous en "naîtrons".

Haïti, en avant! Oui nous pouvons.

1
Introduction

DANS LA SITUATION misérable de notre « Haïti chérie », qui peut aujourd'hui se permettre de chanter : « pi bon péyi pasé ou nanpwen.»??? Au contraire. Quelques « blazés », profondément découragés, sans doute, ont déjà « tchwipé » avec amertume, et perdu tout espoir d'arrêter, voire de renverser les lamentables tendances actuellement en progression...

Nos malheurs présents??? Ils sont évidents, multiples, complexes.

Notre chère Haïti est encore en pleine crise. Maltraitée par les cyclones, déchirée par la violence, elle est en même temps dépourvue de tout système efficace de progrès...

A. - Les faits

La toile de fond est sombre.

Hier encore, en conséquence d'une mésentente socio politique nationale et internationale, un groupe armé a joué un rôle prépondérant. Le Président de la République fut contraint d'abandonner son poste et de se réfugier en terre étrangère. Comment alors s'expliquer que, malgré tout, trente-cinq (35) citoyens se soient aussitôt déclarés candidats à cette dangereuse charge, sans pour autant proposer un concept politique nouveau et différent de celui du Chef d'Etat expulsé, et, encore moins, un programme d'action qui prétende changer et améliorer la situation nationale?

Aujourd'hui, quelques citoyens déçus, comptant exclusivement sur leur propre force, pensent que détruire l'adversaire est la seule façon de conjurer le mauvais sort.

D'autres, effrayés par une misère croissante, excités par l'ambition de posséder, ont décidé, pour comble de malheur, que « kidnapper » est la façon rapide et directe de se procurer des sommes importantes. La Police, encore dans les limbes, n'arrive pas à les contrôler.

Nous avons maintenant un nouveau Président. Mais la situation socioéconomique ne change pas. Les cyclones nous détruisent. Comment alors réveiller et stimuler notre conscience de désespérés, face a notre réalité qui se dégrade et reste encore vide de promesses?

Tâchons de trouver une réponse à cette question. Examinons un peu la situation socio économique de notre pays.

B. - L'état de notre pays

Sur une superficie de 27.800 Km^2, notre population de plus de huit (8) millions d'habitants croît à un taux de 2% l'an. La durée moyenne de vie ne dépasse cependant pas 53 ans. Notre densité est énorme; elle est de l'ordre de 310 habitants par Km^2. A cette encombrante surpopulation s'ajoute un désastre. 60 % de nos citoyens sont analphabètes. Le PIB est le plus bas de cet hémisphère. La dette externe s'élève à plus de mille millions de dollars EU. Notre gourde

1 INTRODUCTION

vacille et fléchit. Comment peut il en être autrement si notre importation annuelle dépasse de trois fois notre exportation? D'autres constatations sont aussi déconcertantes que décevantes...

Dans les villes, à la capitale surtout, un petit groupe s'entoure de tout le confort désirable. Se distinguent des résidences luxueuses, meublées et décorées même au-delà des niveaux usuellement considérés exceptionnels dans les pays riches. Jalouse de ses acquis, une minorité de privilégiés s'intéresse très peu aux masses, dont le sort est considéré irréparable.

Mis à part le groupe des professionnels -- médecins, avocats ou autres -- et une faible portion de la main d'œuvre occasionnellement recrutée, les citoyens sont en chômage. Plusieurs n'offrent aucun service qualifié; ils n'ont ni l'entraînement, ni la préparation ni la formation pour le faire. Très rares, par ailleurs, sont les offres d'emplois. S'il n'y a pas de Production, à quoi peuvent être utilisés les bras disponibles?

Seul le commerce offre un refuge.

Toute une gamme de transactions s'exerce à tous les niveaux. Les nantis importent pour vendre. D'autres achètent en gros et revendent en détail. Pour les moins pourvus trop coûteux sont les locaux de commerce. Les trottoirs des avenues passantes sont les zones principales de leur marché. En certains coins de rue des « marchandes » assises sur leur « ti-chèz » offrent de fausses mesures de « pistache grillée ». En d'autres recoins, au service des passants qui en achètent, d'autres cuisent dans leur réchauds, sur un foyer de charbons -- et même de « bout-bwas » allumés -- « acras, marinades, grillots-cochons, banan pésé », et autres « mangés Chin-jambé ». Outre les « bands a pié », quelques mains oiseuses « racolent » les passants pour leur offrir, au coin des rues, des petits sachets de « kan calé » ... Dans ce tintamarre assourdissant les « madans Sara » se détachent comme des reines.

Le Peuple analphabète est isolé dans une langue qui ne lui permet ni de recevoir de l'extérieur une pensée créatrice, ni de transmettre les siennes (qui sont plutôt rares). Bien riche pourtant est le potentiel de nos intelligences laissées encore incultes. l'Obscurantisme emprisonne. La vocation vers l'art et l'artisanat est très prometteuse. Mais la majorité des citoyens ne dispose pas encore de la technicité suffisante pour entreprendre une tâche importante de production. A son tour, dans un cercle vicieux, la productivité même se trouve handicapée par le maigre pouvoir d'achat d'une population nécessiteuse.

Dans nos campagnes, parmi les importants propriétaires terriens, plusieurs sont des « absentéistes ». Ils vivent en ville, indifférents au sort des paysans, et ignorants des exigences de l'agriculture. Ils jouissent d'autres rentes, et, sans doute, tirent avantage des facilités bancaires en offrant comme garanti leur titre de propriété. Les « habitants », les planteurs -- 60 % de la population nationale -- ne sont même pas tous inscrits au registre d'état civil. Ils sont abandonnés. Même ils ne reçoivent aucune formation proprement agricole. Leur entraînement traditionnel est archaïque. Aucune intervention proprement scientifique du Ministère de l'Agriculture n'éclaire leur entendement pour perfectionner leur tâche de production.

Environ 25 % de nos paysans ne possèdent pas la terre qu'ils cultivent. Ils prêtent leur service comme « de moitié », en remettant au propriétaire la majeure partie de la production à la fin de la saison. Certains arrivent à peine

1 INTRODUCTION

à cultiver le « jardin de famille ». Souvent ils vendent avant récolte leur production à des spéculateurs de commerce, des « racketteurs » qui sont toujours à l'affût...

Et... Pourrait on l'imaginer? ... Nous importons, il se dit, quelque 80 % de notre consommation alimentaire...

Nos essences forestières sont abattues par la production du charbon de bois. On n'en replante pas. Subsistent à peine 2% de nos forêts initiales; et chaque année disparaissent environ 4% de ce qui nous en reste. L'érosion provoquée par le déboisement a fini par transporter à la mer une grande partie du couvert fécond de nos terres arables. Nos mornes exposent leurs flancs rocheux.

Les campagnards sont désespérés. Ceux qui le peuvent émigrent vers les villes pour y chercher un meilleur sort. D'autres s'enfuient du pays. Ils n'ont aucune préparation adéquate à offrir ni chez eux ni ailleurs. Les nations voisines protestent contre l'entrée, clandestine ou régulière, de cette main d'œuvre indésirable. Ces frères et sœurs sont alors déportés, et parfois, même assassinés.

Malgré nos agressions et nos abus, les charmes de notre Nature consolent encore cependant. Mais le tourisme, tant local qu'international, est « en veilleuse ».

La situation? Une misère générale. L'absence de vision créatrice est patente. **l'Etat**, dont la mission est d'organiser et d'assurer le développement national, s'est trouvé depuis longtemps impuissant et inefficace, donc incapable.

La mission initiale imposée par l'histoire de défendre notre communauté contre l'invasion des puissances étrangères est accomplie. Aujourd'hui l'Etat survit, avec le « coui tendu » à qui veut l'aider. Il s'efforce avec peine à atteindre quelques rares objectifs qui seraient les atouts de l'existence moderne. L'Etat est généralement considéré par le citoyen comme une simple source de salaires, une « vache à lait ».

Vision et Créativité sont encore pour nous des missions inconnues…

Quelles sont les causes de cette encombrante réalité? Pouvons nous trouver comment en sortir?

Suivez-nous dans ces lignes. Avec les yeux grands ouverts sur notre réalité, vous verrez que, malgré tout, « Oui nous pouvons !… ».

2
Rapide et succincte analyse

A. - Les leçons de notre Histoire

APRÈS L'INDÉPENDANCE, AU début de notre histoire, avait pris naissance une administration militaire. En effet, notre « impertinence » de refuser le retour à l'esclavage imposé aux autres colonies françaises d'alors, nous avait mis dans une position dangereuse, face aux hauts faits d'arme de Bonaparte en Europe et dans les Amériques. Cette menaçante situation nous a contraints, après l'indépendance, à maintenir des chefs militaires à la direction de notre naissante fragile nation.

Mais, quand s'est imposée la mission d'organiser le pays et de l'engager dans une authentique évolution, les projets de développement, de progrès et de vision d'avenir ont lamentablement fait défaut. Nous n'avions rien entrepris, croyant de bonne foi que, comme avant, « *notre fortune est là dans nos vallons* ».

Nous avons malheureusement confondu **Affranchissement, Indépendance et Liberté.**

L'*affranchissement* est une condition acquise depuis le décret de Sonthonax. C'est l'élimination de l'esclavage. Nous nous y sommes réfugiés. Par l'*Indépendance* nous avons acquis le droit politique de nous administrer nous-mêmes et de ne « *dépendre* » d'aucune autre nation. Nous avons conquis ce droit par les armes. Nous l'avons ensuite payé par des millions et des millions de francs. Mais *Liberté* implique la « faculté de choisir » entre plusieurs alternatives. Ce droit est resté inopérant chez nous. Jusqu'à présent nous n'avons pas cherché, et nous n'avons pas trouvé, les options à entreprendre, les laies à choisir et les chemins à suivre, pour mettre en marche notre propre évolution.

Notre esclavage vaincu a encore imposé à notre masse le poids lourd d'une totale ignorance… même celle d'une langue internationale.

Hier, dans les grandes plaines de l'Amérique Espagnole, la noblesse et l'aristocratie portaient les prétentieux « amos » à parler un « espagnol » d'élite, même en présence de leurs esclaves. Le froid de l'Amérique septentrionale n'a pas permis aux colons de cette partie du continent d'abuser, et même d'user, de l'esclavage. Le Canada ne l'a pas connu. Face à cette possibilité, les habitants de la région devenue les « Etats-Unis » se sont différenciés les uns des autres jusqu'à se confronter dans une guerre civile. La relative absence des bras esclaves a plutôt poussés les habitants du Nord à **créer et à inventer**… Partout, ils ont parlé entre eux l'anglais de tous les jours. Plus d'un savant de race noire a fleuri sur cette terre. Par contre, les colons français de St. Domingue étaient des aventuriers qui ont fait suite aux flibustiers et boucaniers d'avant le traité de Ryswick. En général, nos « grands planteurs », même entre eux, ne parlaient pas le « bon français ». Encore moins le faisaient-ils avec les esclaves. Plus obscure que pour les autres Noirs de l'Amérique était la prison intellectuelle imposée aux esclaves de St. Domingue. L'avenir créateur était un concept complètement interdit à la vision de ces enchaînés. Seul les souvenirs de la lointaine Afrique occupaient encore l'imagination de ceux qui en étaient venus.

Après le 1er. janvier 1804, nos soldats paysans retournés à leur « kay-pay » se sont retrouvés prisonniers dans la même ignorance au sein de laquelle les avait enterrés l'obscurantisme esclavagiste.

Nous avons fait « voler en éclats » les chaînes et les carcans qui limitaient notre liberté corporelle. Mais l'intelligence de notre masse est restée prisonnière. Comme les « maîtres » d'avant, nous l'avons maintenue, nous aussi, sous une dominante présomption déshumanisante : Celui qui cultive la terre, croyons nous, n'a besoin de savoir ni lire ni écrire ; encore moins de connaître une langue qui le mette en contact avec les autres intelligences de l'humanité.

Aujourd'hui, plus de deux cents (200) ans après avoir conquis notre Liberté, le potentiel de soixante pour cent (60%) de notre population est resté et reste encore inhibé.

Et nous avons accumulé d'autres bévues.

Dès le début, nous nous sommes laissés emporter par la même rage de destruction qui nous avait enthousiasmés et conduits à la victoire de l'indépendance. Les deux héros qui, grâce à la bravoure des soldats d'alors, avaient décroché le triomphe de « Vertières », Jean-Jacques Dessalines et Capois La Mort, ont été assassinés.

Dans la suite, des insurrections, souvent faussement appelés « révolutions », conduites par les armées séparées d'alors, ou du Nord ou du Sud, ou de l'Est ou de l'Ouest, ont imposé puis éliminé, tour à tour, une série de régimes présidentiels militaires. Nous avons attendu 110 ans avant de choisir un président civil (Michel Oreste, 1913-1914). Dans l'élection de ceux qui ont immédiatement suivi cette nouveauté, la condition de « civile » fut imposée par l'occupation américaine. Malgré tout, les « coups d'Etat » n'ont point, pour cela, cessé de se répéter. Sur un total de quarante-huit (48) changements de gouvernements, seulement dix-sept (17) mandats sont arrivés à terme. La dernière expulsion d'un Président est, dans notre histoire, la trente-et-unième (31e) occasion où une force armée a mis fin à un régime en exercice.

Aujourd'hui, en sus des réclamations et des revendications populaires, et des autres crimes commis par nos gangs réfractaires, une nouvelle violence politique et sociale inquiète les pacifistes. Nous n'avons pas encore trouvé comment vivre en paix.

Nous n'avons pas découvert, parait-il, la vraie relation entre la cause et l'effet.

L'ignorance imposée à notre masse a d'abord retenu puis entretenu, comme un barrage au travers d'un cours d'eau, une dangereuse et croissante accumulation de protestation et de révolte. Le désespoir rebelle d'un peuple abandonné a été endigué par la méprisante indifférence d'une bourgeoisie dominante.

Explosive alors a surgi la réaction. Appelés au secours, les « tontons macoutes » reçurent des armes pour défendre un président populaire attaqué au Palais National par la bourgeoisie écartée. Puis ensuite, les autodafés des « pèlebrens » en exaltation ont imposé la présidence d'un illustre opposant populiste. Les nouveaux exaltés commirent alors des crimes nouveaux en protestation contre des crimes d'avant. Et alors, cette double et violente contre-poussée domina la silencieuse pression si longtemps accumulée. Une détonation a éclaté. Le barrage s'est rompu. Les « moun mòn », malgré la répression imposée à leur vocation humaine, se taisent encore, car ils continuent à « manger leurs patates ». Mais, les habitants de nos bidonvilles ont faim. Ils commencent a crier leur frustration. La digue sitôt rompue, la volumineuse accumulation de rancœur, si longtemps réprimée, alors dégringole en « avalanche »...

Peut on exiger **confiance, espoir** et **quiétude** à des consciences au sein desquelles ces sentiments n'ont jamais été semés, entretenus et cultivés???

Nous devons tirer leçon de notre histoire. Deux cents (200) ans d'une existence nationale stationnaire démontrent avec évidence que les violences sociales et les subversions armées n'ont apporté et n'apporteront aucune solution au grand problème de notre Pays. Elles en sont, à la fois, les causes et les effets.

Nous avons pris l'habitude de répondre au présent par le présent. Nous n'avons jamais considéré l'actualité comme le résultat des attitudes et des activités antérieures. Relier les effets à leur cause, découvrir les forces destructrices cachées qui persistent sous les changements superficiels survenus au cours de notre histoire, n'a jamais été l'objet de nos soucis.

Depuis longtemps, cependant, les dictons se sont vérifiés : «...*vere scire per causas scire*... » (le vrai savoir est le savoir par les causes) ; «... *sublata causa, tolitus effectus*... » (éliminée la cause, l'effet disparaît).

Chez nous, les circonstances historiques ont altéré la vraie relation entre deux principes essentiels : « La Force » et

« Le Droit ». Christophe Colomb et les esclavagistes ont fait triompher la « Force ». En contrecoup, le « marronnage » puis l'insurrection de nos esclaves, la guerre de l'indépendance, la défense de notre liberté ont illustré un autre principe : Dans la société humaine la mission de la « **Force** » est de faire triompher le « **Droit** ».

Malheureusement, une fausse tendance nous en est aussi née, et nous en est restée ; C'est celle de croire que la force possède des droits intrinsèques, puisqu'elle jouit du privilège de dominer les faits. Nous avons alors retenu une fausse habitude, celle de donner à la « violence » priorité sur les « idées ».

Autant pour construire que pour détruire, c'est exclusivement dans le monde physique que la force domine. Dans le monde des vivants la force sans le droit est une réaction purement animale. La Force toute seule est donc intolérable dans l'ambiance plutôt rationnelle de l'Espèce Humaine.

Individuellement différents les uns des autres, les Etres Humains ont tous les mêmes droits. A l'inverse de ce qui se fait dans le monde des animaux la finalité de la Force est de protéger et d'assurer le Droit.

Certes, il est plus facile de détruire que de construire… En Haïti nous avons pris l'habitude de détruire. Nos insurrections, cependant, n'ont fait, ne font et ne feront que changer la façade. Il nous revient maintenant d'apprendre à construire…

Tant que nous n'aurons pas découvert ce que nous devons faire et que nous n'avons pas fait, les ambitieux inassouvis continueront à semer la discorde. Les «tontons macoutes » et les « pè-lebrens » exaltés seront encore en action. Certains autres continueront à recourir au « kidnapping ».

B. - Notre cas spécifique

C'est évident. Notre déplorable stagnation sociale, économique et politique résulte de deux causes : **l'inefficacité de l'Etat, l'ignorance du Peuple,** deux sources de nos **égarements** et de nos **chicaneries politiques stériles et sans grandeur.**

a.- Inefficacité de l'Etat

L'Etat, préoccupé au départ par la défense de notre jeune nation, a été maladroit dans ses actions, limité par la simple incompétence des acteurs et des responsables. L'Administration Publique, même de nos jours, s'assimile à un simple refuge dans lequel se coincent et s'envient des scolarisés et des universitaires, poings et mains liés, dirait-on, face à la porte fermée des entreprises en fonction, et sans aucune vision de possibles programmes.

Dans les premiers temps de notre vie de nation, des recommandations opportunes et appropriées ne pouvaient point être formulées, ni même être conçues, pour orienter opportunément l'action de l'Etat. Dans la suite, cependant, certaines propositions nous ont été soumises.

En deux fois, au moins, la communauté internationale a collaboré à la préparation d'une Vision Générale de notre Développement.

En une occasion, à la demande du Président Estimé, l'ONU nous a apporté sa contribution officielle. Les recommandations ont été publiées en 1949. L'autre collaboration est celle de l'OEA, dont la « Mission d'Assistance Technique Intégrée » a publié ses rapports en 1972. Ces deux propositions formulées par « les autres », prometteuses ou non d'un avenir meilleur, ont été reléguées

« aux tiroirs », et constituent ce que la malice populaire appelle « plans pou dépo ».

En outre, dans un épais volume de près de 600 pages l'« Agence Canadienne de Développement Internationale » nous remit, en août 1977, un « Projet d'Inventaire des Ressources Hydrauliques » avec, en trois annexes, les « Jaugeages Divers 1920-1940 », les mesures effectuées durant le Projet, ainsi que l'« Inventaire des Ressources Hydrauliques » et l'« Analyse des régions Hydrographiques ».

Une autre assistance d'importance est celle de l'« Alliance pour le Progrès », offerte par les EU en 1978.

A ces apports « étrangers » se sont ajoutés bien d'autres d'origine nationale. Entre eux et récemment, « **Investir dans l'humain,** Livre Blanc de Fanmi Lavalas » publié en 1999, a présenté une étude de la situation nationale de notre époque, et a mentionné les efforts à entreprendre pour sortir le peuple de la misère. Le « Ministère de la Planification et de la Coopération externe » (MPCE) a proposé, alors, en novembre 2000, un « **Programme d'action pour le développement (Haïti 2001-2010)** » préparé par « Group Croissance S.A. ». En plus de ces écrits, et de plusieurs autres études produites par des spécialistes haïtiens, a paru, aussi en l'an 2000, l'ouvrage de Mr. Kern Delince, « **L'Insuffisance du Développement en Haïti—Blocages et Solutions.** »

Avons nous tiré profit de ces efforts?

Si aucun programme de développement n'a été entamé, la cause n'est donc pas une absence d'informations. Les plus importants obstacles confrontés ont été plutôt, à coté de l'incompétence de l'Etat, **l'ignorance de notre peuple et nos stupides antagonismes sociopolitiques.**

b.- L'ignorance de notre peuple

Au bas de l'échelle de notre communauté, 60% de nos intelligences se perdent, marginalisés, emprisonnés dans l'ignorance. Nous vivons donc, alors, dans une fausse démocratie.

En complication de la difficile collaboration entre l'Etat et la Population pour un fructueux développement national, s'est dressé un obstacle à double tranchant. A l'isolement culturel et politique de notre peuple, s'est ajoutée l'aberrante croyance que la formation du « moun an deyò » est inutile. Le « moun an deyò », cependant, est partie de nous-mêmes. Il est tout aussi « an dedan » que le reste de notre population, surtout dans un petit pays comme le nôtre. Déroutante résulte alors cette situation d'abandon qui, loin d'inquiéter les élites, les a plutôt tranquillisées, contentées et même enorgueillies. Aucune motivation collective n'a donc surgi pour en désirer une formation de base, encore moins pour la vouloir et pour l'entreprendre.

En conséquence, l'incompétence de l'Etat liée à l'ignorance du Peuple a couvé et entretenu des **rivalités politiques** stupides, sinistrement arriérées, et donc sans portée sur l'avenir.

c. - Nos égarements sociopolitiques

Commençons par examiner cette troublante réalité. Un simple coup d'oeil sur notre passé nous signale des rivalités sans grandeur qui remplissent les pages de notre Histoire. Les premières ont conduit à l'assassinat de l'Empereur. De multiples prises d'armes ont ensuite suivi. En deux fois, elles ont fait sauter le palais national... Le président le plus populairement élu de son époque, Sylvain Salnave, auto nommé Président à Vie, après un simulacre de jugement (19-12-1869), est fusillé (15-01-1870) sur les ruines encore fumantes de notre palais, sauté par un obus de notre aviso « La Terreur ». Le 8 août 1912, à 3 heures du matin, le palais national reconstruit saute encore. Le président Cincinnatus Leconte y meurt avec, au moins, les 300 soldats de sa garde.

D'autres lamentables chicanes ont surgi. Voyons seulement celles récemment survenues, après que nos élections présidentielles aient commencé à s'effectuer par suffrage universel.

Les recommandations de l'ONU, arrivées au pays à la fin du mandat du Président Estimé (1949), ont été reléguées « dans les tiroirs ». Le nouveau président d'alors, le Colonel Paul E. Magloire -- « cançon fè » -- le premier élu par la votation populaire (8-10-1950), a plutôt dédié son attention et son temps -- à coté de l'exécution des plans de développement en irrigation et en barrage hydro-électrique -- à chercher un équilibre entre le nouveau « pouvoir noir » et les persistantes prétentions de l'oligarchie déplacée.

L'inquiète intention manifestée par les écartés d'alors était de mettre fin à ce fameux « Pouvoir Noir », et de reprendre le contrôle du Pays. Ceci donna lieu à des agitations politiques qui n'ont laissé aucune place à la possibilité, ni même à l'espoir, d'un développement socio économique.

Les faits?

Au risque d'abuser de la patience du lecteur, nous nous permettons de les rappeler ici.

Les ambitions se sont bousculées. Le Colonel Paul E. Magloire se retire de la présidence constitutionnelle. Il assume la présidence provisoire en qualité de Chef de l'Armée. Finalement il est obligé de remettre le pouvoir au

2 RAPIDE ET SUCCINCTE ANALYSE

Président de la Cour de Cassation, Nemours Pierre-Louis. Il part en exile (décembre 1956). Toute une année se passe en bouleversements bousculés avant l'élection d'un successeur.

En effet, la présidence provisoire de Nemours Pierre-Louis (décembre 1956), puis celle de Frank Sylvain (février 1957) ; le « Conseil Exécutif de Gouvernement » installé le 6 avril 1957 ; la présidence provisoire de Daniel Fignolé, qui dura moins d'un mois (du 25 mai au 13 juin 1957) ; la formation, au lendemain de cette présidence éphémère, d'un « Conseil Militaire de Gouvernement » ; la fameuse et lamentable répression de « Fort Dimanche », dans la nuit du 16 au 17 juin 1957, contre les partisans de Daniel Fignolé, qui demandaient compte de la disparition de leur « leader »… tous ces événements n'ont pu laisser de place à aucune réflexion sur un « **développement national** ». En effet, il a fallu attendre presque un an, pour que, le 27 septembre 1957, François Duvalier soit élu Président de la République.

Et alors… Il n'y avait pas longtemps depuis que le groupe des « Griots », dont François Duvalier lui-même avait été un directeur exalté, reprochait aux dirigeants politiques antérieurs de n'avoir pas pris en compte le sort des « démunis ». Le nouveau Président allait-il, après Estimé et Magloire, travailler en considération de cette réclamation ? S'il en avait l'intention, l'antagonisme dressé contre son régime ne lui permit pas d'en faire une obligation de son programme.

En effet, après une année de conflit avec les autorités de l'armée, qui contrôlaient la situation politique d'alors, et contre les « anguilles sous roche » entretenues par la bourgeoisie vaincue, François Duvalier dût affronter le débarquement clandestin du groupe des militaires exilés: Pasquet, Dominique et Perpignan, arrivé des EU pour le chasser du pouvoir. Et alors, il demanda secours. Pour défendre leur président menacé, les « Tontons-Macoutes », firent irruption. Puis ensuite ils ont laissé libre cours à leur cruauté naturelle. Ils ont continué a commettre des crimes et des crimes.

Alors, l'ancienne formule de la « Présidence à vie », complétée cette fois par la caractéristique de « héréditaire », renaquit, imposée par la dictature. Surgirent en conséquence bien d'autres monstruosités politiques. Aucun plan réel de développement économique n'a pu être abordé, voire trouver une chance d'exécution. A-t-il au moins été conçu…? Tant attendue, la publication d'un nouveau « Code Rural », n'apporta point au paysan tout le bien-être qu'il était en droit d'espérer… Ainsi s'écoula une longue période de quatorze ans (sept 1957-avr. 1971) de Présidence à Vie.

Puis alors, le Président-Fils-Successeur, Jean-Claude Duvalier, tirant profit des dispositions de l'« Alliance pour le Progrès » promue par le Président Nord-Américain d'alors, créa la CONAJEC (Comité d'Action Jean-Claudiste.- Avril, 1978). Il pût faire préparer, au sein d'un Ministère spécial, des « Plans de Développement » d'ordre quinquennal, biennal et annuel, et produire des « Livres Critiques » ministériels périodiques. Il arriva à intéresser les capitalistes locaux à collaborer à la création d'un « Parc Industriel ». Même il arriva à tirer profit du système spécial de la « sous-traitance ». Survint alors avec « Prominex-Haiti » une nouvelle époque d'exportation.

Mais le monstrueux poids de la Dictature, l'écrasant fardeau de la « Présidence à Vie » ont donné lieu à des abus insupportables. Des conflits meurtriers se sont succédés en des tristes « vendredis noirs », et aboutirent au départ de Jean-Claude Duvalier. Sa présidence, malgré tout, dura quinze longues années (avr. 1971-fev. 1986).

La paix arriva-t-elle enfin???

Non. Contrairement à toute attente, ce départ offrit plutôt aux groupes politiques en opposition, des opportunités nouvelles pour s'affronter dans des conflits nouveaux. Le « Conseil National de Gouvernement », civico-militaire, formé par le Président sortant, ne procéda à des élections présidentielles que deux ans après, en janvier 1988. Fut alors élu Leslie Manigat, gradué de « La Sorbonne » en Science Politique. Il ne resta que quatre mois en charge. Le Général Henri Namphy, ex-Président du « Conseil National de Gouvernement », le chassa du pouvoir et occupa la Présidence.

Une liste d'ouvrages à construire fut élaborée. Mais à cette époque, non plus, aucun « Plan National de Développement » n'a été conçu et publié...

Un autre coup d'état intervint, en septembre de la même année, celui des « Petits Soldats ». Le Général Namphy fut culbuté du pouvoir et remplacé par le Général Prosper Avril.

Enfin, arriva le gouvernement, cette fois constitutionnel et provisoire, de Mme. Ertha P. Trouillot (mars 1990-fev. 1991).

Incroyable mais vrai... Ce court gouvernement légal fut aussi objet d'un « coup d'état ». Dans l'espace éclair de la seule nuit du 6 au 7 janvier 1991, Roger Lafontant, dans un audacieux sursaut de désespoir, voulut par la force restituer le régime duvaliériste définitivement condamné, en son texte annexe, par la récente constitution. Il échoua et fut arrêté...

Finalement, pour succéder au gouvernement légitime de Mme. Trouillot, un Président a été légalement élu.

Profitant d'une certaine immunité conférée à son église par sa chaire de prédication, le prêtre Jean Bertrand Aristide avait auparavant critiqué ouvertement et vertement la présidence cruelle des Duvalier. Et alors, cible, en outre, plus d'une fois, de tentatives d'assassinat, il fut, après, poussé avec enthousiasme par un mouvement populaire. Le VOAM, « Voyé Ayti Monté », est devenu « Voyé Aristide Monté » et a conduit le personnage jusqu'à la Présidence.

Le Prêtre-Président renonça à sa mission religieuse, et se fit installer sur l'épaule gauche l'écharpe présidentielle (7 février 1991). Des choquants événements alors se sont bousculés. L'ex-président Mme. Ertha P. Trouillot est arrêtée et maintenue captive durant 24 heures, puis mise en résidence surveillée pendant deux mois. Roger Lafontant est tué en prison. Sylvio Claude, président du Parti Démocrate Chrétien d'Haïti, est assassiné...

En fait, les tendances caritatives, les options sociales et socialisantes du nouveau Chef d'Etat n'ont pas pu s'accorder avec les intérêts du capitalisme national en naissance. A une requête gouvernementale d'augmentation du salaire minimum le monde des affaires répondit par la fermeture de plusieurs établissements de production. Alors, le naissant programme d'emploi de la main d'oeuvre locale reçut un choc fatal. Les rêves d'exportation de « Prominex-Haiti » se sont effacés.

Le 30 septembre 1991 le Président Aristide est renversé par l'armée...Aucun projet ne fut conçu. Aucun profit n'en a résulté.

Des désordres se sont multipliés en dégringolade... En deux occasions deux honorables membres de la Cours de Cassation prêtent serment comme président provisoire... Plus de vingt (20) personnes sont tuées lors d'une rencontre

2 RAPIDE ET SUCCINCTE ANALYSE

avec l'armée… Des assassinats de tout genre sont perpétrés… Intervient l'OEA… Un délai de 48 heures pour laisser le pays est accordé à la Commission de cette Organisation… Un embargo est décrété par l'ONU… Enfin tombe un bouquet: le débarquement des troupes des EU. (19 septembre 1994) pour une nouvelle occupation militaire de notre Pays.

Grâce à cet appui armé, Jean Bertrand Aristide revint au pouvoir (15 octobre 1994) pour compléter la durée de son mandat. Il portait encore sur l'épaule gauche l'écharpe présidentielle. A ce moment, l'alternative était ou d'entreprendre le miracle d'orienter le pays, le plus vite possible, vers le lointain idéal du plein emploi, en dépit de la faible capacité productive d'une citoyenneté non préparée, ou bien de poursuivre une politique de « charité » envers la grande masse de nos misérables… Le Président faisait encore face à cette alternative quand arriva la fin de son mandat.

Dès le début du gouvernement suivant, le premier de René G. Préval, des discussions ont opposé l'Exécutif et le Parlement National. Le choix du Premier Ministre fut longuement discuté. Le Gouvernement des EU bloqua son aide (avril 1996) réclamant lumière sur les crimes récemment commis. Dans de pareils circonstances, des tentatives de développement n'ont pas pu, non plus, être considérées.

Le 26 Novembre 1999, J. B. Aristide fut élu une seconde fois Président de la République. L'écharpe présidentielle fut encore portée sur l'épaule gauche. En décembre 1999 ont paru deux importants documents: le livre-plan, « Investir dans l'Humain , livre blanc de Fanmi Lavalas », promu par J.B. Aristide, puis, le Projet de Développement élaboré par « Group Croissance S.A. » sur demande et au service du Gouvernement.

Malgré tout, jusqu'à l'expulsion du Président une seconde fois de son poste (29-02-2004), aucune phase substantielle des démarches considérées dans ce Projet n'a pu, non plus, être exécutée… Pourquoi???...

C'est clair…Tous ces **antagonismes politiques** découlent inévitablement des deux causes qui sont: **l'inefficacité de l'Etat** et **l'ignorance du peuple**. De là s'explique tout notre retard national.

Conclusion. On ne peut point en douter… Pour sortir définitivement de notre présente impasse, trois démarches s'imposent. La première est une abstention: éviter les confrontations politiques basées exclusivement sur l'exaltation populaire et sur la Violence. Les deux autres, positives, contribueront à éliminer cette condition conflictuelle, destructive et négative. Une définitive action d'envergure doit entamer le double objectif: **Bannir l'obscurantisme et Développer la Démocratie**. Il en naîtra certainement un magnifique résultat: **notre avancement économique**.

Pouvons nous affronter ce défi? Oui… Nous pouvons !!!

3
Considérations Générales

A. - Dieu et nos malheurs

CERTAINS HAÏTIENS, BIEN intentionnés, mais désespérés, parce que incapables de trouver la vraie cause de notre misère, tendent à négliger l'effort personnel et collectif, et à ne compter que sur l'intervention divine pour nous sortir de l'impasse... Erreur !

Dieu « n'a rien à voir dans nos malheurs ». C'est à nous qu'il revient de chercher et de trouver ce que nous devons faire et que nous n'avons pas fait.

Lisons bien la Bible...

Sitôt que, dans un « éclair de Conscience », l'Espèce Humaine découvrît la différence entre le Bien et le Mal, il fut expulsé tant de l'Eden de l'Innocence que du Paradis animal de l'Ignorance. Il n'y retournera plus. Dès lors naquit pour lui l'obligation de « *gagner son pain à la sueur de son front* », c'est-à-dire la mission de construire sur cette terre son propre Paradis, un Eden différent de celui des autres êtres. Jéhovah en l'occurrence « doua » cette nouvelle Espèce d'une triple capacité super-animale: **l'Intelligence,**

le Libre arbitre et la Volonté, afin que, toute seule, elle puisse apprendre, sur cette terre, à Comprendre, à Choisir et à Agir.

Qu'en avons-nous fait, nous les Haïtiens ?

Le Nouveau Testament, à son tour, nous enseigne aussi que Dieu « n'a rien à voir dans nos malheurs ».

Dans l'évangile de Jean et dans la Première Epître de cet apôtre deux déclarations nous mettent bien en évidence une réalité qui s'impose. L'une est une négation : « *Le Père ne juge personne...* » (Jean. V, 22). L'autre est une affirmation : « *Dieu est Amour...* » (1ère de Jean. IV, 8)...

Chaque individu de l'espèce humaine, en effet, est un être en devenir. Dieu nous aspire... Dieu dans sa Puissante Immensité ne se prête à aucune étroite sensation de nature hormonale qui le pousserait à se sentir, comme nous, « offensé » par nos impertinences d'ignorants. Dieu est trop grand pour se fâcher et pour punir. Ce sont ses incontournables **Lois** qui, ou bien automatiquement châtient nos infractions, ou bien spontanément récompensent notre heureuse harmonisation avec notre Evolution. Le concept du « Dieu vengeur » est une création sémantique de notre prétentieuse petitesse humaine, noyée dans notre adrénaline de défense animale. C'est à nous qu'il revient d'éliminer les tares de notre impertinente ignorance, et de répondre à la prometteuse et patiente attraction de Dieu.

Dieu nous a « doués » des facultés nécessaires pour organiser notre pays. Ce n'est donc pas à lui, mais bien à nous qu'il revient de le faire.

Enfin, pour décider quel doit être notre comportement **dans ce monde,** nous devons tenir compte d'une particulière révélation de Jésus.

3 CONSIDÉRATIONS GÉNÉRALES

Dans l'évangile de Jean (III : 3-8), en un langage très didactique, le Rédempteur révèle laborieusement à Nicodème que, pour avoir accès, après la mort, à **la vie éternelle**, deux conditions s'imposent à l'Etre Humain: le Repentir (formalisé par Jean le Baptiste dans « l'eau » du Jourdain) et le Bénéfice de « naître a nouveau », cette fois, d'une **nouvelle source de vie,** par une spéciale « infusion de l'Esprit ».

C'est cette nouvelle naissance qui nous permettra, après la mort biologique, de passer au « Royaume des Cieux ».

Il nous revient alors de savoir quelle doit être le comportement de notre espèce en général, et du Citoyen Haïtien en particulier, sur cette terre, afin de mériter cette indispensable condition d'une nouvelle **naissance** et d'avoir accès au Royaume des Cieux.

Notre douce mère l'Eglise Catholique considère que le sacrement du **Baptême,** généralement administré pendant l'enfance, en pleine innocence, suivi par le réel désir d'accéder au Royaume des Cieux, manifesté dans le rituel de la **Confirmation,** administrée durant l'adolescence, accomplissent les conditions requises, et suffisent pour « **naître à nouveau** ».

Attention ! Ce important phénomène ne dépend pas de notre seul **désir** d'en être l'objet. L'explication de Jésus exprime clairement que, si l'aspiration vient de nous par « l'eau » du repentir, « l'Esprit » vient d'ailleurs. « *Le vent souffle où il veut,* a expliqué le Messie en l'occurrence. *On en entend le bruit, mais personne ne sait d'où il vient et où il va* » (Jean III : 6-8).

Cet évènement de naître a nouveau ne s'accomplira donc pas, malgré notre désir, tant que nous n'aurons pas acquis une certaine condition indispensable à sa réalisation. C'est donc dès maintenant, **en notre présente vie d'Haïtiens**, qu'il nous revient d'acquérir cette condition spéciale signalée à Nicodème, de mériter cette infusion de l'Esprit et de bénéficier du privilège d'accéder au Royaume des Cieux.

C'est donc à nous qu'il revient de choisir quelle condition proprement **sociale** peut nous faciliter cette transformation **individuelle**... Est-ce la **Pauvreté** méprisée, condition où s'écume dans l'ignorance et dans la faim une fausse formation tordue, écrasée, contaminée d'envies et d'aspirations frustrées, de tentations, de protestations, de tristesses et de violence…? Est-ce le **Bien Etre** avec ses conforts, ses chances de formation et de succès, de croissance et de progrès évolutifs, fruit de nos efforts…? Est-ce la **Richesse** avec son luxe et aussi ses risques de vanité?... C'est le devoir du citoyen et de la société, c'est notre devoir d'Haïtiens, de répondre à ces questions…

Le « Fils Prodigue » (Luc XV : 11-32) n'a pas considéré son père comme responsable des misères de sa triste expérience. Conscient et repenti d'avoir lui-même abandonné le toit paternel, il prit alors le chemin de retour. Comme il le fut à lui, c'est à nous qu'il revient, maintenant, de nous décider à faire ce qu'il faut faire, et que nous n'avons pas fait.

Il n'y a pas de doute. Soyons en convaincus. Notre pauvreté est une conséquence directe de notre **ignorance** et de notre **indifférence** face à notre vocation de « naître à nouveau ». Ce n'est pas Dieu qui nous punit. C'est nous qui ne faisons pas ce qu'il nous revient de faire, pour changer le sort de notre chère Haïti.

B.- Vision Politique

Avant d'exposer notre solution, faisons quelques considérations d'ordre social et politique. Essayons de clarifier quelques concepts.

a. - L'Etat, La Démocratie

Notre Constitution identifie notre nation comme une **Démocratie**. La vision projetée par ce concept politique implique deux entités : le **Peuple** (le « démos ») et l'**Etat**. Dans ce système, en substitution de l'ancienne **aristocratie**, l'ensemble des citoyens, le Peuple, est censé avoir créé un organisme politique, l'Etat, auquel il remet le soin de conduire le destin de la nation par le service des citoyens compétents, et auquel il fournit aussi les moyens économiques pour le faire. Le Peuple, de plus, élabore des normes perfectibles, pour la définition et le fonctionnement de l'Etat : c'est **la Constitution**, convention qui, entre ces deux entités, donne lieu à un ensemble de relations harmonieuses et complémentaires.

En démocratie l'Etat est donc l'intermédiaire organisationnel entre « l'individu cause » et « l'individu effet » du bien être collectif.

La Démocratie est un système politique au sein duquel le Peuple, créateur de l'Etat, objet des bénéfices qu'il en attend en retour, payeur de taxes et d'impôts, examine constamment ses propres besoins, les compare aux résultats déjà obtenus, analyse les avantages, et, orienté par une adéquate philosophie politique, recommande à l'Etat les interventions considérées nécessaires pour une amélioration continuelle de son bien-être.

En démocratie l'Etat est riche de la richesse de ses citoyens et savant de la science de son Peuple.

b. - Libéralisme et Socialisme

Un coup d'œil dans l'Histoire de l'Humanité révèle que entre les deux réalités, « Individus » et « Collectivité », a surgi un conflit, que la Philosophie de la Vie a déjà résolu, mais qui jusqu'à présent entretient un choquant antagonisme entre deux tendances Politiques : le **Libéralisme** et le **Socialisme**.

Dans un passé récent, entre ces deux tendances un violent conflit, soutenu par la menace même des armes nucléaires, s'est terminé heureusement sans le choc fatal tant redouté. Malgré tout, le problème dure encore.

Cet antagonisme, cependant, est à la fois faux et lamentable.

A l'inverse de ce qui s'observe chez les animaux -- pour lesquels de puissants instincts assurent le bien être de chaque individu dans chaque collectivité -- au sein de notre espèce humaine, **les instincts** sont, plutôt, à contrôler. C'est à notre **intelligence** qu'il revient d'élaborer des Lois, pour vivre convenablement et progresser dans la Société.

Or, une évidence est indiscutable. Dans l'humanité s'imposent, à la fois, une Inégalité et une Egalité.

Il n'existe pas un individu qui soit identique, équivalent ou égal à un autre. Cependant nous avons tous les mêmes droits au sein de la société que nous constituons. C'est cette **inégalité individuelle** face à l'**égalité de nos droits** qui a donné lieu à ce lourd et faux contentieux sociopolitique entre « Libéralisme » et « Socialisme ».

Nous devons apprendre à concilier et non à opposer ces deux tendances.

La Société est une somme d'Individus. Tout individu vit en société. Ces deux faces d'une même médaille sont donc forcément appelées **a se compléter, à s'entraider,** et non pas à chercher, l'une, une suprématie pour se substituer à l'autre. Chaque Etre Humain est doté d'une créativité plus ou moins avancée. En même temps, il dispose d'une inclination tempéramentale ou de protection ou d'abus.

Dans la société la créativité de l'individu est une qualité qui doit être entretenue et exploitée. C'est son comportement vis-à-vis des autres que la collectivité doit contrôler. La disposition à la protection, le **Libéralisme**, sera encouragée et cultivée. La tendance a l'abus, la **Sauvagerie**, doit être refoulée et châtiée.

L'Etat, au sein duquel la majorité l'emporte sur la minorité, en plus d'encourager et d'entretenir le potentiel individuel, doit protéger par ses Lois les options d'évolution de chacun de ses membres contre tout possible abus de la part de quiconque. Son devoir est de faire face aux trois époques de la vie du citoyen : Instruire le premier âge, cultiver l'habilité du deuxième âge et assister le troisième âge. Sa mission est aussi de protéger l'individu en toute circonstance dans laquelle celui-ci ne peut pas servir à la collectivité. C'est le vrai **Socialisme**.

L'inégalité des individus n'est pas incompatible avec l'égalité de leurs droits. Le Libéralisme et le Socialisme représentent donc les deux plateaux d'une seule et même balance, celle qui mesure et assure, à la fois, le degré du bien être de chacun et celui de la collectivité nationale.

Cette même inégalité naturelle entre les individus au niveau social se reflète aussi au niveau international entre les peuples et les nations. Il n'y a pas un pays qui soit égal a un autre. Tous les pays ont, cependant, absolument les mêmes droits.

L'équilibre, entre ces deux tendances, l'inégalité de l'être a coté de l'égalité des droits, doit alors se rechercher, s'entretenir et se maintenir.

Dans un Etat, la prétention inopportune de détruire le Libéralisme, droit de l'individu, au profit unilatéral du Socialisme, droit de la société, est une démarche prétentieuse, inadéquate et déguisée. Ce n'est autre chose qu'une hypertrophie de l'égocentrisme de certain politicien mégalomane et enflammé, qui, sous le couvert du Socialisme, veut identifier l'Etat avec sa propre personne, jouir des avantages du Pouvoir et des commodités économiques, en faire usage en qualité de dictateur, et mériter, croit-il, les éloges de l'Histoire.

Chaque être humain est, à la fois et à des degrés différents, un créateur en potentiel et un travailleur au service de la Société. Il revient à l'Etat de mettre le citoyen en conditions de **se produire et de produire**, sans léser le droit des autres de faire autant.

Libéralisme et Socialisme doivent donc rechercher l'équilibre et non point prétendre se substituer l'un à l'autre.

c. - Capitalisme vs. Libéralisme et Socialisme

Aucun individu ne peut vivre isolé.

Donner de ce qu'on a contre recevoir ce qu'on n'a pas est une inéluctable fonction sociale.

Loin dans le passé, pour rendre commode l'échange entre celui qui donne et celui qui reçoit, l'Humanité, pour remplacer le « troc » direct des marchandises, avait choisi d'utiliser, comme intermédiaire, des objets rares puis des métaux précieux. Elle a fini par inventer l'actuelle « monnaie » conventionnelle, dans sa double face de réserve et de circulant. Les services essentiels de cet intermédiaire dans l'ensemble socio-économique, tant national qu'international, sont maintenant connus sous l'appellation de « Capital », surtout dans la fonction particulière de produire ce qui n'existe pas encore. Cet intermédiaire mondiale est aujourd'hui au service tant du Libéralisme que du Socialisme.

Dans le passé, suite à la vraie Révolution contre l'aristocratie, une théorie perfectionniste, celle de Marx, et une insurrection d'intolérance, celle de Lénine, ont créé ce lamentable conflit sociopolitique dont les retombées, malheureusement, durent encore... Aujourd'hui, face au mot « capital », le vrai sens grammatical des termes « socialisme » et « libéralisme » leur a été a enlevé.

Socialisme et Libéralisme sont l'un et l'autre « capitalistes ».

Le régime **socialiste** emploie le Capital. Le Socialisme effectue l'investissement nécessaire pour créer ce qui n'existe pas encore, pour en maintenir et parfaire la production et ainsi promouvoir le bien être du Peuple. Dans ce régime de puissance, c'est l'**Etat**, et non l'individu, qui se réserve l'exclusivité de cet avoir et de cette action. La personnalité individuelle en résulte alors limitée, tant dans son potentiel de création que dans la jouissance de son bien-être.

Dans ce système socialiste la formule «... De chacun selon ses capacités...A chacun selon ses besoins » n'a pu et ne peut arriver à l'équilibre désiré. Ceux qui sont « au pouvoir » sont les seuls à jouir des commodités de cette « richesse » qu'ils condamnent et dont ils prétendent priver a l'individu la liberté de disposer. Ils font alors le nécessaire pour se maintenir constamment en fonction.

Le **Libéralisme,** au contraire, entretient la Création et la Production, par découverte et intervention de l'individu. Dans ce régime le Capital est mobilisé par le **citoyen** sous le contrôle de l'**Etat.** L'Etat prend alors à sa charge une double mission **socialiste**. D'un coté il assume la tâche de former la créativité et la productivité de l'individu, surtout durant l'enfance et la jeunesse, et, de l'autre, celle de protéger sa vulnérabilité, tant contre tout abus du plus fort que contre les limitations imposées par la Nature.

Au sein du Libéralisme socialiste l'Etat contrôle l'avoir national et l'usage de la richesse disponible. L'Etat, d'un coté, stimule la créativité, et, de l'autre, fait face à toute relative et occasionnelle impossibilité du citoyen de participer a la production. C'est ce contrôle qui permet de créer et de maintenir **l'équilibre** entre les deux plateaux de la balance du bien être social.

Dans ce conflit irrationnel entre les deux devoirs de l'Etat, l'expression « *libéralisme sauvage* » est un audacieux « jeu de mots » employé pour, justement, souligner les fausses prétentions à combattre. Libéralisme et Sauvagerie sont deux attitudes opposées, contraires et incompatibles. La **sauvagerie** est une tendance animale qui pousse celui qui se sent fort à abuser de sa puissance contre celui qu'il voit faible. Le **libéralisme**, est opposé à la sauvagerie. C'est, au contraire, la vertueuse tendance à protéger le débile ; c'est la « disposition de faire jouir de ce que l'on possède à qui en est privé ». La sauvagerie ne peut donc être libérale, encore moins le libéralisme, sauvage.

Au sein d'une vraie démocratie le vrai **Libéralisme** est alors la formule étalon, qui permet à la société de protéger la créativité productive du capable contre la tendance abusive du plus fort, et d'assurer ainsi l'harmonie des rapports au sein de la société.

En d'autres mots, les qualificatifs « droite » et « gauche » doivent simplement se référer à ces deux plateaux à niveler. Ces termes impliquent aussi l'existence d'un cheminement

3 CONSIDÉRATIONS GÉNÉRALES

rectiligne idéal, par rapport auquel la « droite » et « la gauche » n'indiquent que des directions latérales et circonstancielles, et partant, simplement correctives et provisoires. Ces termes impliquent un recours à des remèdes occasionnels, geste seulement justifié dans les cas spécifiques d'éviter ou de rectifier un certain déséquilibre socio économique.

En résumé, en **Démocratie** véritable et authentique, le Capital « libéral » tire profit de la créativité individuelle, mobilise les forces du Travail et produit la Richesse, sous le contrôle de l'Etat. C'est cette richesse en circulation qui alimente aussi le budget de l'Etat. Et c'est ce « Budget Socialiste » qui permet à l'Etat d'assurer les droits du citoyen. L'Etat prend alors à sa charge les tâches spéciales de répandre l'Instruction, de soigner les Malades, d'alléger le Chômage occasionnel et d'assister le Troisième Age.

En vraie démocratie, il faut le répéter, l'Etat est riche de la richesse de ses citoyens, et savant de la science de son Peuple.

4
Notre Solution

A. - Action policière et action politique

AVANT DE CONSIDÉRER notre solution, commençons par souligner la différence, dans notre situation actuelle, entre l'action policière et l'action politique du Gouvernement.

Dans le déroulement de la vie quotidienne les responsables, les gérants de la « Res Publica » ont recours à deux (2) sortes d'intervention : l'une policière, l'autre politique. L'Autorité, certes, doit agir contre toute infraction aux droits du citoyen, mais le vrai contrôle de la situation implique et exige une culture générale de l'Homme Haïtien.

Rendons-nous bien compte que, dans notre chère Haïti d'aujourd'hui, la rage de « boulé Kay » et l'audace de « kidnapper » sont des protestations violentes et des témérités hardies, mais particulièrement occasionnelles.

Profitant de l'inexistence d'une action policière prompte et efficace, d'un coté, des émeutiers mal éduqués, marginalisés et privés d'une tranquille occupation rémunératrice, répondent de façon inadéquate au défi de la situation. D'un autre coté, des criminels audacieux, assoiffés de l'avoir, décident de s'enrichir en recourrant à la violence.

Il nous revient alors -- C'est absolument nécessaire et dès maintenant -- de faire face à la tâche de professionnaliser notre **Police** dans ses trois domaines : préventif, répressif et scientifique.

Mais, ne nous laissons pas tromper par une troublante illusion. La force de l'ordre est, certes, appelée à contrôler dans l'immédiat une situation lamentable, conséquence d'une circonstance particulière. Mais, même organisée en quantité et en préparation suffisante, la Police pourra contrôler le « boulé kay » et bloquer le « kidnapping », mais n'apportera pas une solution définitive à notre vrai problème.

A coté de l'action policière il nous faut entreprendre une puissante action politique.

Pour sortir de notre présente stagnation nationale, des compétences universitaires et d'expérience politique ne manqueront pas, sans doute, d'intervenir pour signaler les chemins à suivre. Plusieurs entreprises des Ministères du Gouvernement probablement sont en train de travailler pour trouver comment nous sauver. Mais nous, dans ce présent petit texte, insistons sur deux réalités antérieurement signalées. Nous les considérons comme les causes essentielles de notre retard de toujours, de nos stupides adversités politiques et de nos actuels désordres sociaux. Ce sont : **l'ignorance du Peuple et la relative et conséquente inefficacité de l'Etat.**

Ces deux réalités sont les deux faces d'un même problème. Elles constituent pour nous une double chaîne d'esclavage. Nous ne nous en sommes pas libérés en 1804.

Sitôt que nous commencerons à faire « voler ces chaînes en éclats » tout changera…

La Misère commencera à disparaître... Les exaltés se calmeront... Les habitants de nos bidonvilles et les « moun an deyò » commenceront à sourire... et, surtout, à collaborer... Les désordres auxquels la Police aura à faire face seront alors strictement occasionnels.

B. - L'Etat et le Peuple

Heureusement. La vraie solution à cet énorme problème, réside en une première et simple paire d'activité réciproque, à entreprendre entre l'Etat et le Peuple. Ces actions sont simultanées, et leurs conséquences, apparemment lentes, seront sûrement évidentes, extensives, progressives et fructueuse **dès le début**.

Le premier objectif consiste, pour l'Etat, à sortir notre peuple de l'**Obscurantisme** et, en même temps, à entraîner le citoyen dans l'exercice de la **Démocratie**. Il en résultera automatiquement la réalisation du second objectif : un Dialogue créateur assuré par l'Etat et entretenu par le citoyen, qui amènera une transformation socio-économique certaine et progressive.

Dans notre réalité haïtienne cette activité jumelée doit s'entreprendre immédiatement. Nous qualifions l'une de vertical, de l'Etat vers Peuple et du Peuple vers l'Etat, c'est **La Formation**. L'autre, considérée horizontale et réciproque entre l'Etat et le Peuple, est un dialogue créateur entre l'Etat et le Citoyen, c'est **La Collaboration**.

Cette double action nous conduira, au long de ce que nous appelons « La Spirale de Développement », vers une pleine Evolution du Pays et de l'Etre Haïtien.

Quelque prétentieuse que puisse paraître la présente affirmation, elle nous situe devant le seul cloison qui nous sépare de l'évolution, devant la seule barrière qui nous ferme la voie vers le triomphe réel et définitif. Nous allons dans ces pages exposer comment forger l'unique clé qui peut nous ouvrir ce passage.

a. - Action Verticale

Chez nous l'action verticale à entreprendre entre l'Etat et le Peuple est à la fois double et réciproque. Elle est double en cela que l'Etat doit aller vers le Peuple, et livrer une lutte sans merci tant contre **l'obscurantisme** que contre ce régime spéciale d'inaction dominante, que nous qualifions de « **présidentialiste** ». Cette action sera aussi réciproque. A son tour le Peuple apportera sa contribution à l'Etat, tant vers le succès de sa propre formation intellectuelle que vers l'efficacité de sa collaboration politique. Cette réciprocité d'action arrivera très tôt à créer entre l'Etat et le Peuple une solide confiance mutuelle et inspiratrice, qui sera la cause active de notre progrès.

a.1. - L'Education formelle

La première obligation de l'Etat envers notre Peuple est donc l'**Education** sur toute l'étendue du territoire nationale. Dans un puissant Plan Général l'Etat doit viser et procéder à éliminer l'obscurantisme, résidu de l'esclavage et cause radicale de notre misère.

En nos jours, notre population de huit (8) millions d'habitants, sur une superficie de 27.800 Km2, dispose seulement -- après deux cents ans d'indépendance -- d'environ 9.000 écoles. De ce total seulement quelques 1.000 institutions sont gérées par l'Etat, contre les 8.000 administrées par des entreprises privées.

D'autre part, nos instituteurs et institutrices, au service du Ministère de l'Education ou des entreprises privées, ne

4 NOTRE SOLUTION

vont pas, et n'iront point s'exiler de leur confort, pour servir **nos milieux ruraux** dépourvus de toute commodité. Nous ne pouvons pas, non plus, le leur exiger.

Une solution à la fois révolutionnaire et pacifique s'impose alors.[N.B.1]

Heureusement, cette solution peut être immédiatement mise en exécution.

Dans nos régions d'accès difficile, entreprendre la formation de notre peuple peut parfaitement se réaliser par la projection de **vidéos** de tout genre, que les professionnels restés en ville s'emploieront à préparer et à perfectionner. La projection de ces films ou DVD dans nos campagnes se fera par des citoyens de la région, convenablement rémunérés, et, pour commencer, dans les « kay-pay » équipés à cette fin.

Cette projection audio-visuelle sera assurée par usage de l'électricité emmagasinée dans des accumulateurs, et produite par **l'énergie solaire**. Les panneaux de captage de ce système se vendent couramment sur le marché international. Leur installation et leur maintien sont absolument faciles.[N.B. 2]

La tâche d'enseigner se trouvera alors grandement facilitée. Elle peut s'accommoder à tous les horaires et couvrir tous les domaines.

[N.B.1.] Cette solution est proposée dans notre livre « L'Azimut-Haiti 1804-2004. Entre hier et demain quoi faire? (ISBN 1-4120-0639-2 ; Edition Trafford de Victoria Canada) », Disponible sur demande à http//www trafford.com/robots/03-1009.html.

[N.B. 2] Dans nos campagnes l'électricité peut aussi se produire par l'énergie éolienne. Mais cet autre système compte sur le « mouvement » et passe à produire l'électricité par l'intermédiaire d'un moteur. Dans le système ici recommandé, par contre, cette énergie électrique est produite et fournie directement par l'action de notre puissant soleil sur des panneaux fabriqués à cette fin.

Dans notre cas particulier, si l'Etat ne dispose pas de fonds immédiats, les bailleurs internationaux collaboreront volontiers à une telle initiative. Les Institutions Internationales dédiées à l'Education nous assisteront avec enthousiasme. De plus, nous pourrons compter sur les bonnes dispositions des ONG et des groupes d'Eglise. Par ailleurs, plusieurs organisations de réputation mondiale ont déjà prêté, et prêtent encore, leur assistance pour l'utilisation de l'énergie solaire photovoltaïque dans les pays en voie de développement. Elles s'associeront volontiers à une telle entreprise.^(N.B.3)

a.2. - Bannissement de l'obscurantisme

Il ne s'agit point aujourd'hui de simplement maintenir, encore moins d' étendre, la tâche d'alphabétisation déjà entamée et entretenue chez nous… Les valeureuses promesses de notre Créole ne fleuriront point dans des cerveaux incultes. Elles ne s'épanouiront que sous la plume de nos intellectuels -- paysans ou citadins -- qui produiront dans cette langue des ouvrages réellement dignes de nos « prix de littérature ».

Dans les pays où se parle une vraie langue, apprendre à lire est simplement passer à tirer profit, par l'écrit sur le papier, d'une forme de communication oralement employée depuis toujours, tant pour s'exprimer que pour interpréter la pensée des autres. Pour qui sait lire tous les textes deviennent alors accessibles.

Chez nous, à quoi sert ce savoir si l'alphabétisé ne peut déchiffrer un livre de biologie, de mathématique, de physique ou de chimie? A quoi lui sert de parler une

---

N.B. 3 Voir les annexes No. 3, 4, 5 et 6 du livre : l'Azimut…

4 NOTRE SOLUTION

langue s'il ne peut s'informer par cet intermédiaire ni sur la Science ni sur l'Histoire de l'humanité, encore moins sur la Philosophie ?

Pour bannir l'obscurantisme on peut commencer par le simple enregistrement sur VHS et DVD des classes qui se donnent dans nos meilleures écoles urbaines, de la douzième à la Philosophie. Une équipe spécialisée du Ministère de l'Education se chargera progressivement de perfectionner ces documents qui, dès le début, peuvent être projetés, tels quels, dans les locaux de campagne déjà munis de l'équipement vidéo solaire nécessaire.

Les interrogations provenant éventuellement de la curiosité des élèves seront enregistrées dans des appareils portatifs et transmises à un centre de traitement du Ministère pour constituer l'objet de vidéos complémentaires.

Le devoir de l'Etat ne consiste pas seulement à divulguer les programmes scolaires aux nivaux primaires et secondaires. Des projections entièrement nouvelles seront aussi créées pour l'enseignement de beaucoup d'autres sujets.

Dans nos campagnes, dans les « kays » aménagés à cet effet, les adultes aussi se réuniront pour recevoir aussi et par le même procédé, la formation citoyenne grâce à des vidéos spécialement préparés

En ces occasions les futures mères pourront suivre avec curiosité, et commenter avec intérêt, les recommandations reçues sur les soins immédiats, sur l'éducation pré et postnatale à fournir à leurs nouveaux nés. Les parents pourront recevoir, en plus des instructions sur les premiers soins à donner à l'enfance, toutes les informations pour toute une éducation fructueuse de leur progéniture.

En outre, les informations sur la liberté de la conception permettront, par une paternité et une maternité intelligemment responsables, de dominer et de contrôler une réalité qui nous écrase : notre encombrante **surpopulation**.

La projection des programmes spéciaux de vidéo sera aussi offerte à nos planteurs et à nos éleveurs. Le paysan sera initié à une formation scientifique. Il recevra des informations tant sur sa région que sur le reste de la nation. Il sera de même informé sur ce qui se fait dans les pays étrangers.

L'occasion se prêtera, par exemple, pour signaler à notre peuple les désastres qui résultent chez nous de l'emploi du charbon de bois, quand ne s'entreprend pas en même temps le reboisement systématique des sites appropriés.

L'institution **P.S.S.A.** du Ministère de l'Agriculture trouvera par ce procédé une façon directe et efficace pour réaliser son « *Programme de Service de la Sécurité Alimentaire* », et même pour l'étendre jusqu'à une abondante exportation.

L'enseignement par vidéo est, certes, la méthode la plus directe et le procédé le plus efficace pour transmettre les connaissances académiques. Il se prête encore mieux à la transmission des principes de vie en société, et à l'éveil comme à la culture, des sentiments collectifs.

La formation citoyenne sera alimentée et élargie. Les idées inspirées par les « *Leçons de Morale et d'Instruction Civique* » de Odette Roy-Fombrun, par les « *Précis d'Instruction Civique et Morale* » des « Frères de l'Instruction Chrétienne » (écrit maintenant intitulé « J'aime Haïti ») trouveront un chemin directe pour s'inscrire dans la conscience citoyenne. Le scénario théâtral recommandé entre professeurs et élèves sera avantageusement remplacé par une réalité émotionnelle directement réveillée dans le citoyen par des vidéos bien conçus.

4 NOTRE SOLUTION

La méthode « audio-visuelle » est aussi et surtout le moyen le plus effectif pour introduire de nouvelles techniques, pour créer et faire fleurir des aptitudes en réserve tant dans l'originalité de l'artisanat que dans l'entraînement d'une « main d'œuvre » dans l'exercice des arts ouvriers.

Par ailleurs, moyennant l'expansion de ce système prometteur, cette mission éducationnelle peut entrer aussi directement au sein des foyers de nos campagnes, car mobilité et adaptabilité sont aussi les caractéristiques de la méthode.

Il n'est point nécessaire que chaque famille rurale dispose d'un système propre de production électrique. Il lui suffit de posséder des « batteries », facilement transportables à dos d'âne. Dans le voisinage, quelques centres de production électrique (photovoltaïque, éolienne ou autre) en assureront la « recharge ». Moyennant les alternateurs et les transformateurs requis, ces accumulateurs permettront de faire fonctionner des appareils de TV, et de reproduire par DVD les programmes transmis par les Services d'Information.

Certains « laptops » (ordinateurs portatifs) sont déjà disponibles à bas prix sur un marché spécial international. Ils sont offerts par les fabricants exclusivement et directement aux Etats. Leur source d'énergie, incorporée, peut se recharger elle aussi, moyennant quelques tours de manivelle à un petit générateur également incorporé. Des « *portable DVD players* » (tourne disques DVD portatifs) sont déjà sur le marché. Mis en fonction par des piles disponibles ils offrent au particulier des trésors de formation visuels et auditifs.

Pour produire de l'électricité en ambiance isolée il y a lieu d'espérer du nouveau. La technique moderne de la discrète recherche internationale est sur le point de mettre au point les fameux « fuel cells », les « piles à hydrogène ». Dans ces appareils, seulement quelques watts, même d'origine solaire, produisent, à partir de l'électrolyse de l'eau, l'hydrogène en quantité suffisante pour activer directement des unités spéciales, actuellement en étude et en observation, et qui seront, parait-il, capables de fournir à leur tour des kilowatts à l'utilisateur. Dommage! Ils sont encore trop coûteux.

Enfin, d'autres nouveaux avantages et bénéfices se jouissent du procédé de produire de l'électricité à partir de l'énergie solaire. Le paysan peut, aujourd'hui, disposer d'une ligne de production de lampes déjà sur le marché, qui « se chargent » toutes seules durant le jour, et deviennent sources de lumière, la nuit. Dans le commerce international se vendent aussi des pompes spéciales, directement équipées de leur propre système solaire. Immobilisées sur la surface des eaux elles effectuent l'élévation automatique du liquide pendant le jour. Elles alimenteront des réservoirs, tant pour l'alimentation des familles que pour l'irrigation de certains lopins de terrains agricoles.

En général, l'énergie solaire ou éolienne, ou de toute autre provenance, doit être utilisée chez nous partout où n'arrive pas l'électricité produite par les systèmes en cours.

A cette fin, une autre source d'énergie doit aussi être utilisée dans nos campagnes : celle des chevaux, des ânes, des bœufs. Un animal de ces espèces, lié par un axe-rayon à un centre fixe, et en parcours adéquat de trajectoire circulaire, peut activer, selon des détails à mettre à point par nos techniciens, plusieurs génératrices électriques placées à distance appropriée en cercles concentriques. Les charges produites, immédiatement emmagasinées dans des accumulateurs, alimenteront à leur tour opportunément les appareils audio-visuels en service.

De leur coté, les zones urbaines, elles aussi, bénéficieront, à la fois, tant de l'enseignement par le système de vidéos que du contact direct avec les professeurs investigateurs, dont le rôle sera précisément celui de parfaire l'usage de ce nouveau procédé.

En préparation pré-universitaire, le Ministère de l'Education entretiendra des services officiels permanents au sein desquels les étudiants candidats, préalablement inscrits, se soumettront aux examens de rigueur et recevront les certificats correspondants aux programmes prévus.

Nos Universités seront très exigeantes pour l'octroi des titres académiques, mais l'enseignement de nos éminents professeurs pourra arriver à toutes les écoles de formation grâce au système des DVD et des prochaines techniques d'enseignement à distance.

En conclusion, l'Etat doit s'atteler, en tout premier lieu, à la tâche urgente et indispensable de **bannir l'obscurantisme et de promouvoir la culture humaine sur toute l'étendue du territoire national**, visant à la fois le développement de l'être biologique, celui de l'être intellectuel et celui de l'être spirituel de tous les citoyens.

Cette tâche est à promouvoir et à parfaire indéfiniment.

Il revient donc aussi à l'Etat de découvrir les mieux doués parmi les enfants, les adolescents et les jeunes, et de procurer des bourses d'études dans les centres d'enseignement, nationaux et étrangers, à ceux qui le méritent.

Bref. Il revient à l'Etat d'adopter et d'entretenir au sein de tout le peuple l'emploi d'une langue international au service du « démos ». Il ne s'agit pas d'un moyen de communication à l'usage exclusif d'une élite littéraire, ni, encore moins, d'une langue qui isole le peuple du reste du monde. L'Etat doit, non par observation superficielle, mais par enquêtes sérieuses, mettre tout le peuple en contact avec l'évolution mondiale, dans les domaines technologiques, scientifiques, artistiques et philosophiques.

Notre succès national dépendra du potentiel de chaque citoyen, convenablement motivé et fécondé par l'Instruction.

En réciprocité, pour compléter cette relation verticale de l'Etat vers le Peuple, la tâche inverse interviendra : celle du Peuple vers l'Etat. En plus d'exiger cette éducation dont il a besoin, **le Peuple** trouvera aussi, par des voies qu'il apprendra à créer, comment faire à l'Etat les suggestions nécessaires pour parfaire sa propre formation.

Vers le succès de notre chère Haïti il n'y a pas de route préconstruite.

Pour mener cette action indispensable aucun obstacle ne doit arrêter un gouvernement réellement décidé à nous sauver.

Même dans les coins les plus reculés de nos campagnes, difficilement accessibles aux instituteurs professionnels, on peut compter, à coté de la collaboration des ONG et des groupes d'Eglise, sur l'intervention de nos « ASEC » (assemblées des sections communales), de nos « CASEC » (conseil d'administration des sections communales) et des « hungans » de la région. Il faudra, peut-être, faire arriver occasionnellement, et entraîner dans des locaux accessibles, les choisis par les « Sections Communales » qui devront réaliser les installations nécessaires, et ceux qui vont effectuer les projections dans les « kays » aménagés à cette fin.

De ce projet **rien n'est impossible**.

4 NOTRE SOLUTION

Dans notre « Ayti cheri » Il n'y a pas un coin inaccessible au commun hélicoptère. Les éléments de l'équipement requis sont, tous, transportables à dos d'âne.

Sitôt que nous commencerons à fournir ces efforts tout changera...

Les privilégiés d'aujourd'hui découvriront avec satisfaction que leur succès grandit et s'étend. Certaine lamentable fureur disparaîtra spontanément... Les résidents de nos bidonvilles, autant que les mal appelés « moun an deyò », commenceront à sourire. Ils se rendront compte, avec espoir, que leurs fils, leurs filles pourront bientôt, à temps voulu et à leur guise, comme tout autre citoyen, embrasser le métier et la profession qui les intéresse, obtenir des diplômes et s'adonner avec succès à l'activité qui répond à leur « vocation d'être... »

a.3. - Sortir du « régime présidentialiste »

Un autre devoir s'impose à l'Etat pour compléter l'obligation qui vient d'être signalée. C'est la formation démocratique de notre Peuple.

La Démocratie, est le système politique auquel notre Loi Mère confie le fonctionnement et la gestion de notre nation, et le seul sur lequel nous pouvons compter pour avancer. Le concept de ce terme est clairement exprimé dans sa propre étymologie.

Or, notre « demos » est inculte et analphabète en 60%. La **Démocratie,** qui en soi est un processus de perfectionnement, est donc, chez nous, beaucoup plus un simple vœu qu'une réalité. Actuellement s'exerce un impuissant régime que nous appelons « Présidentocratie ».

Chez nous s'est singularisée l'aspiration au pouvoir.

En Haïti, dans le champ de l'inégalité naturelle entre les individus, l'inertie groupale -- que nous avons le devoir d'éliminer -- a laissé pousser la « mauvaise herbe » des sauvages ambitions personnelles.

Dans les espèces animales inférieures un puissant instinct sauveur anime certains individus particulièrement doués, et les pousse à prendre de leur propre mouvement une initiative d'émigration, pour sauver la collectivité des menaces de la Nature. Dans les sociétés humaines une certaine tendance hormonale pousse aussi certains individus à se mettre en tête de la collectivité, sans tenir compte, parfois, des vrais problèmes à solutionner.

Chez nous, d'un coté, cette puissante tentation de gouverner naît dans cette naturelle prétention dominante, hormonale, de quelques uns. Ils sont décidés, des fois, même à supprimer un concurrent pour triompher, et à commettre des crimes pour garder le pouvoir. De leur coté, les résignés du Peuple, égarés dans l'ignorance, sont également disposés, à leur tour, à employer la violence contre leurs adversaires, ou pour défendre et maintenir leur chef au pouvoir, ou pour l'en expulser s'ils sont déçus.

Dans notre majorité, nos citoyens ne connaissent pas encore les critères convenables pour choisir le «chef d'Etat » qui leur convient. Notre actuel aveuglement nous condamne à entretenir, d'un coté, dans l'inquiète imagination des citoyens votants, un faux concept du rôle de Président face au bien-être à parfaire. D'autre part, dans la conscience du chef de l'Etat de vocation hormonale, s'installe, habituellement, un faux concept de son « pouvoir », dans son incapacité créatrice, face à l'ignorance de notre masse.

En conséquence, parallèlement à l'élimination progressive et rapide de l'obscurantisme, une éducation socio-politique

4 NOTRE SOLUTION

de base doit s'entreprendre. Par le même procédé de vidéos doit être semée une ample formation, pour un exercice conscient de la vraie **Démocratie**.

Deux cents (200) ans de « coups d'état » nous ont enseigné que les révoltes armées ne conduisent à aucun avancement. Par ailleurs, pour amender la situation socioculturelle, nos textes écrits, non plus, n'ont pas suffi.

Par conséquent il nous faut arriver à entamer et à maintenir un dialogue pacifique et promoteur entre l'Etat et le Peuple.

Et alors, une des premières démarches à entreprendre dans cette direction, en plus d'éliminer l'obscurantisme, sera de libérer notre conscience citoyenne de la « présidentocratie ». Les groupes actifs de la population doivent cesser d'exprimer leur préférence politique par un nom propre suivi d'un suffixe en « iste ». Il nous faut cesser d'être « Vincentiste », « Duvalieriste » ou « Aristidiste ». Le peuple doit apprendre à cultiver des **idées constructives**, et à ne pas se laisser gagner par des sympathies de circonstance pour un Président ou pour un candidat.

Tant que le Peuple Haïtien continuera à ne compter que sur l'apparente bonne volonté d'un Président de la République pour sortir de la misère et progresser, il sera exposé, pour ne pas dire condamné -- si le Chef de l'Etat ne trouve pas la solution du moment -- ou à subir une dictature de fer, ou à entreprendre une insurrection armée pour chasser du pouvoir le Président incompétent.

Aux fins de sortir de cette vacillante situation, tous les secteurs de notre peuple, à mesure qu'ils émergent de l'obscurantisme, doivent apprendre -- et l'Etat doit leur enseigner-- à identifier, à étudier, à discuter leurs situations spécifiques. Ils apprendront à choisir leurs représentants, leurs «députés», qui sont précisément des « envoyés », autorisés, mandatés à débattre (à coté de la sagesse présumée des « sénateurs ») les problèmes de tous genres de leurs collectivités régionales, dans le cadre général de l'intérêt de la Nation.

Pour avancer vers la Démocratie effective nous devons apprendre -- l'Etat nous l'enseignera -- à construire notre propre conception du bien être collectif, et à choisir notre Président sur la base des idées politiques et des engagements préalablement exprimés par le candidat et compatibles avec les nôtres.

a.4. - Les Elections

A ce tournant de notre actuelle évolution politique, nous pouvons nous demander : Réunissons nous les conditions nécessaires pour recourir au suffrage universel?

L'alternative de choisir préalablement des « représentants », lesquels, à leur tour, seront chargés, comme autrefois, comme aux Etats-Unis ou comme ailleurs, d'élire un « Chef d'Etat », se prête aujourd'hui aux mêmes conséquences que l'élection directe par la population. Dans l'état actuel de notre ignorance ce procédé indirect nous expose à encore plus d'antagonismes. Le choix des intermédiaires, en effet, serait encore basé, comme toujours, sur des motivations superficielles et émotionnelles. Le problème demeurera inchangé tant que les choix ne seront pas faits selon l'adhésion des électeurs conscients aux idées de base d'une « philosophie politique » orientée vers la vraie solution de nos vrais problèmes.

Les organisations que, aujourd'hui, nous appelons « partis politiques » ne doivent plus être des groupes d'admirateurs réunis autour de quelques « leaders », parmi lesquels se signale un possible candidat à la présidence. L'adhésion à ces faux « partis » se cristallise, aujourd'hui, dans la sympathie créée par l'aspiration socio économique d'un groupe vers un bien être de circonstance. Elle n'est généralement pas basée sur une vraie philosophie politique orientée vers l'avancement définitif de la nation toute entière.

Jusqu'à hier encore -- triste constatation -- certains candidats à la Présidence, plus intéressés à jouir des privilèges de la fonction convoitée qu'à conduire réellement le pays vers le succès, ne sentent pas l'obligation de rendre publique, et de façon officielle, leur programme d'action (qui généralement n'existe pas) et de compter sur des élections honnêtes. Quelques-uns parfois recourent aux interventions du Conseil Electoral, qu'ils cherchent alors à corrompre. De l'autre côté, la masse des démunis, gagnée par les promesses « messianiques » d'un candidat au sujet d'une certaine élimination miraculeuse de la misère, est encore disposée à éliminer tout obstacle pour imposer le citoyen de ses illusions, et de ses passions. L'enjeu, c'est alors l'honnêteté du Conseil Electoral. Pourrons nous compter sur l'objectivité de cet arbitre? Comment porter les uns et les autres à croire et à accepter les résultats annoncés par cet Organisme officiel?

Durant le temps pendant lequel va s'évoluer cet important avancement du Peuple, hors de la « présidentocratie » et vers la Démocratie, un impérieux devoir s'impose alors aux citoyens déjà formés.

Nous importons bien des choses que nous ne produisons pas et dont nous avons grand besoin. Dans la situation actuelle, serons-nous obligés d' importer aussi un Conseil Electoral Etranger, compétent, objectif et impartial?

Devrons nous recourir aux amis de la CARICOM, à nos voisins de l'OEA et même aux autorités de l'ONU?

La réponse est évidemment « Non » si nous disposons déjà de citoyens compétents et suffisamment indépendants pour conduire nos élections. Si, aujourd'hui, nous pouvons compter sur des compatriotes compétents et indépendants, demain, nous en profiterons davantage, au fur et à mesure que l'avancement sociopolitique se concrétisera.

Mais s'il est exact que, à l'occasion des dernières élections (07-02-2006), des bulletins de vote dûment remplis ont été jetés et découverts dans des poubelles éloignées, la **Mission d'Observation Electorale de l'Union Européenne** (MOE-UE) aurait raison d'exiger des « *amendements au cadre électoral* » de chez nous.

Un Conseil Electoral indépendant, autonome, inflexible comme un objet inerte, doit exiger au nom du Peuple, que chaque prétendant à la Présidence, pour être inscrit su la liste officielle, expose publiquement sa philosophie politique et les éléments essentiels de son Programme de Gouvernement, car le peuple lui en demandera compte.

D'un autre coté, le citoyen muni de son bulletin de vote doit être suffisamment identifié pour réellement représenter une « voix » dans un ensemble recompté et inscrit de citoyens en instance et en condition de choisir.

A cette fin, le moment impose des amendements à notre Constitution.

Les zones territoriales qui ont élu leur « député et sénateurs » doivent disposer des moyens pour leur reprocher -- même par une destitution, s'ils le méritent -- d'avoir mal défendu au parlement l'opinion et les intérêts de la région représentée.

4 NOTRE SOLUTION

Si nombreux ont été chez nous les « coups d'état » qu'ils nous obligent à conclure à leur inutilité. Ils n'ont jamais été postérieurement suivis d'un plébiscite confirmatoire, ni n'ont exprimé aucune déclaration politique nouvelle et positive, capable de remplacer les conditions qu'ils prétendent avoir combattues. Alors, il nous revient actuellement d'introduire dans notre Loi-Mère le recours a un **Référendum de Révocation** auquel sera soumis le Président de la République, à mi-chemin de la durée de son mandat.

Et ainsi…

Au fur et à mesure que se concrétisera l'accès aux deux (2) étapes préparatoires : l'Education Intellectuelle et la Formation Démocratique, il nous coûtera bien peu d'initier et d'entretenir les phases constructives d'une **Production Nationale** vigoureuse, rationnelle, selon un Plan Général de Développement.

b. - Action horizontale

Comme conséquence de cette double action verticale, d'éliminer l'obscurantisme et de cultiver la démocratie face à la « présidentocratie », commencera une action horizontale. Un dialogue spontané doit s'entamer et s'entretenir pour une collaboration fructueuse et constante entre le Peuple et l'Etat.

b.1. - Collaboration

C'est un rôle de l'Etat d'aider nos citoyens à choisir leur vocation d'action sociale, selon leur potentiel humain. C'est aussi, en retour, la tâche des citoyens dûment préparés de faire à l'Etat les recommandations jugées nécessaires pour le progrès économique et l'éclosion nationale.

Cette activité horizontale est donc essentielle. Elle consiste à soutenir un dialogue permanent, entre les deux entités impliquées, sur les étapes à franchir pour effectuer un développement socio économique satisfaisant.

Cette action que nous qualifions de **horizontale** sera bidirectionnelle.

L'Etat et le Peuple collaboreront en paire et en paix.

Les Masses, en conséquence de leur croissante formation intellectuelle et démocratique, auront fini par cesser de s'imposer par la violence. Les « tontons macoutes », les « pèlebrens » et aussi les « kidnappeurs » auront définitivement disparu.

De son coté, L'Etat ne considèrera point la « constitution » comme un simple « chiffon de papier » sous le puissant « fer des baïonnettes ». Progressivement l'Etat admettra qu'il est une création du Peuple, et que sa mission est de travailler au **Développement de la Nation**. Les « chefs d'Etat » démocratiquement élus, les Gouvernements qui l'assistent auront alors appris à informer le Peuple sur les ressources nationales mobilisées, et à travailler, pour atteindre les objectifs choisis.

Ainsi, la formation citoyenne, augmentée et enrichie de la nouvelle prise de conscience démocratique, permettra au Peuple de gravir les échelons, de passer à une position horizontale face à l'Etat, et d'endosser sa propre responsabilité de création démocratique. Sa formation et sa capacité le placeront sur le même niveau que l'Etat qu'il a créé et qu'il entretient, et avec lequel il peut et veut collaborer.

L'Etat formera des « académies » et des « instituts », indépendants des ministères. Ces organismes seront chargés d'entretenir et d'investiguer les connaissances humaines dans toutes les branches du savoir : historique, scientifique et métaphysique.

Tant en action individuelle qu'en groupes bien structurés, le Citoyen se dirigera alors avec compétence au Gouvernement qu'il a élu.

Le chemin sera ainsi commodément ouvert entre le Pouvoir Publique et les Vœux de la Société. Des entrevues personnelles se soutiendront avec les ministères intéressés. Des opinions se publieront dans la presse, parlée et écrite. Interviendront les critiques et suggestions des associations professionnelles. Les vrais partis politiques philosophiquement inspirés, loin de se combattre, apporteront les arguments nécessaires pour convaincre et non pour vaincre. Le citoyen aidera ainsi les autorités de sa génération à travailler sur l'étape actuelle du Plan National de Développement dans une collaboration réelle et patriotique.

En résumé, en réponse à l'effort vertical pour la formation de tous les citoyens par un système efficace d'enseignement, l'**Etat** sera secondé par une collectivité nationale compétente, préparée pour interpréter notre situation et résoudre nos problèmes. Et alors, et alors seulement, comme fruit de la conjugaison de ces deux trains d'activité, Haïti entamera sa marche vers le Développement, et en maintiendra le cap.

b.2. - Un Plan National de Développement

Concrètement, l'Etat doit commencer par élaborer un **Plan National de Développement** et le soumettre à la critique collaboratrice de la collectivité. Un indispensable « Ministère de Développement » élaborera le document de base et en assurera l'exécution et l'adaptation, au fur et à mesure et aussi souvent que l'exigeront les circonstances nationales et ou internationales.

Le **Plan National de Développement** contiendra l'inventaire de nos ressources naturelles et de leurs possibilités d'exploitation, à coté du chiffre présent de notre population et de son taux de croissance.

Ce Plan doit exposer les stratégies retenues pour l'implantation et le fonctionnement des activités sectorielles, établir les grandes lignes de notre Projet de Production, en publier les chiffres actuels, et prévoir une chronologie de leur développement.

L'Etat signalera à la population la nécessité des ressources humaines compétentes et adéquates pour entreprendre et poursuivre une production de valeur. Il apportera au citoyen, grâce à des vidéos et â des écoles industrielles, la technicité requise pour entamer et augmenter cette Production. Avec la collaboration de professionnels compétents et des capitalistes avisés, l'Etat pourra valoriser les courants commerciaux de tendance nationale dans le circuit international du monde des affaires.

Dans ce domaine, et dans un petit pays comme le nôtre, la qualité, on doit le souligner, est souvent plus compétitive que la quantité.

Spécifiquement il reviendra à chaque **Gouvernement** d'apporter son **Programme d'action** pour un avancement valable et progressif vers la réalisation du **Plan National de Développement**.

Pour ce faire, le Gouvernement aura recours à autant de ministères dont il aura besoin. Et alors, il lui reviendra de réformer progressivement ses équipes de travail par l'élimination graduelle des cadres superflus ou inefficaces, et par le recrutement de « cerveaux » de valeur dans la hiérarchie administrative, aux fins de mieux mobiliser nos ressources disponibles.

4 NOTRE SOLUTION

Périodiquement le Gouvernement doit mesurer et publier les éléments constitutifs et le montant de notre Produit Intérieur Brut (PIB), une donnée statistique, une évaluation périodique, qui doit pouvoir être publiquement comparée avec celles des autres pays du continent et du monde.

Les responsables organiseront, des foires, des concours. Des récompenses seront accordées aux organismes et personnes qui auront particulièrement contribué au succès de la production nationale.

Une notion élémentaire doit s'imposer. Le Citoyen actif doit s'adapter à l'évidence que l'argent n'est autre chose que ce qu'il est appelé à recevoir en échange d'un article vendu ou d'un service rendu. Il lui revient alors de choisir comment se procurer l'article à vendre, ou comment préparer sa personne et les circonstances pour offrir son service. Le citoyen doit être convaincu que c'est cet apport à la collectivité, ce rôle d'acteur qui lui permet d'assurer son avancement socio-économique. Ce doit être aussi pour lui le moyen de mériter, et de recevoir de l'Etat, à son tour et en retour, les soins et les attentions auxquels il a droit.

Le Citoyen apprendra à collaborer dans l'amélioration continue et dans l'exécution permanente du Plan de Développement National, en s'informant et en s'évertuant à trouver des solutions aux problèmes de **production** de la zone de sa résidence ou de son entreprise. Nos capitalistes à succès, informés sur nos ressources nationales, et sur les disponibilités internationales, recommanderont à l'Etat les démarches opportunes du moment. Chaque citoyen choisira le terrain économique dans lequel il désire exercer son action. Il apprendra à s'associer occasionnellement à ses collègues, en cénacles, en compagnies ou en partis politiques, pour bien offrir ses services à la collectivité.

Par ailleurs, le souci de l'avancement de la démocratie et du bien être collectif suggérera aussi au citoyen compétent et consciencieux comment introduire des amendements opportuns pour améliorer occasionnellement le texte de notre **Constitution**.

Enfin, dans les relations entre les organismes de l'Etat et les différents secteurs du Peuple, des moyens de communication efficaces doivent se rendre disponibles sur une base permanente.

- S'agit-il de disposer de données récentes pour une claire interprétation de la situation nationale? Les services de l'Etat doivent produire, en plus du journal officiel du « Moniteur », de revues et autres publications porteuses des données récentes dont le Public doit être informé pour une claire interprétation de la situation nationale.
- Les services ministériels, centres d'origine des documents de l'Etat, doivent pouvoir fournir une réponse rapide et appropriée aux requêtes de recherche des citoyens. Et, dans certains cas, aménager des entrevues pour leur édification et leur pleine satisfaction.
- Des systèmes téléphoniques moderne, à répondeur automatique, doivent être multipliés pour assurer l'accessibilité à tout moment à certaines données statistiques.
- Une Presse indépendante, la liberté d'association, des groupements de toute aspiration permettront plus facilement aux citoyens de dialoguer avec l'Etat et d'intervenir dans leur action conjointe.

4 NOTRE SOLUTION

- Les connexions par le réseau « Internet » permettront aux citoyens de puiser certaines données statistiques par l'entremise des services publics compétents, à n'importe quel moment.
- Tout citoyen peut avoir recours directement aux données qui ne sont pas restreintes à la diffusion pour des motifs de sécurité nationale.
- Et enfin, si le cas l'oblige, la population peut avoir recours à des manifestations pacifiques, autorisées par l'autorité compétente, pour exprimer des revendications, ou pour rappeler à l'Etat les voeux de la collectivité, trop longtemps négligés ou oubliés.

Il ne faut pas non plus perdre de vue que les représentants du Peuple au Parlement (actuellement beaucoup trop nombreux) sont des « porte-parole » élus, dont la mission est de promouvoir et de défendre les intérêts de la collectivité régionale qui les a choisis, en collaboration avec l'avancement général de la nation.

Les démarches verticales de Formation et celles, horizontales, d'Harmonisation et de Complémentarité doivent faire augmenter la production nationale plus rapidement que notre croissance démographique. Alors s'amorcera le premier segment de la courbe d'une spirale ascensionnelle de développement, dont le déroulement évoluera dans un avenir chaque fois plus prometteur.

Nous aurons ainsi commencé à compléter et à consolider la victoire de 1804.

Ouvrons bien les yeux. Même s'il nous faut une trentaine d'années pour former convenablement toute une génération, les premiers résultats positifs de cette entreprise seront, cependant, **immédiatement accessibles**.

C. - Le Démarrage économique

Les experts en Economie Politique trouveront, sans doute, des procédés de développement plus efficaces que ceux proposés ici. Mais il est évident que le succès de l'entreprise nationale dépend de la double action antérieurement signalée : La Formation verticale du Peuple par l'Etat et la Collaboration horizontale du Citoyen avec le Gouvernement. Aucune autre porte ne peut nous permettre de sortir de notre prison. Soyons en convaincus.

Une réalité est évidente. Dans notre actuelle économie, dans le milieu haïtien d'aujourd'hui, le Capital privé n'est nullement intéressé à des investissements de création. Le peuple est encore trop pauvre. Son pouvoir d'achat est presque nul.

S'il ne convient pas de recourir définitivement au « Capitalisme d'Etat », nos gouvernements, dans le souci de rechercher et de maintenir une certaine harmonie entre les différents secteurs socio-économiques, devront entreprendre des interventions de circonstance. A la manière des « self-starts » des moteurs de la mécanique du mouvement, l'Etat devra se considérer et agir comme un intermédiaire provisoire mais nécessaire -- un catalyseur -- seulement pour le temps de créer les circonstances favorables à l'entrée en lice du capitalisme privé.

La formule de participation mixte -- capital de l'Etat au service du capital privé -- sera alors provisoirement appliquée.

Pour la constitution du Capital de l'Etat une certaine collaboration des nantis sera recherchée et obtenue. Le respect évident au denier publique manifesté par les offices en charge encouragera les munis à comprendre et à accepter l'imposition d'une taxe spéciale sur l'importation des produits de luxe, et celle d'un impôt spécial sur les résidences somptueuses. De plus, tant sur le marché international que dans le commerce national; l'Etat émettra des « Bons de Développement » à intérêt attrayant qui, à leur maturité seront promptement honorés.

a. - Assistance d'un Capital d'Etat

L'intervention provisoire de l'Etat pourra assister les catégories suivantes.

a.1. - A la strate dépourvue du « secteur informel »

Quelques considérations stratégiques de démarrage peuvent être accordées à la strate dépourvue du secteur informel.

Avec la collaboration des Administrations locales et communales une assistance technique et financière peut s'offrir au Secteur Informel, constitué de marchands ambulants, de petits artisans sans ateliers, d'entrepreneurs sans adresse et d'opérateurs de « bolettes », pour les aider à créer des organismes sans grande envergure peut-être, mais progressivement stabilisés et prometteurs.

Les types d'intervention envisageront, sans doute,

*) l'achat éventuel et la vente au public de certains produits de fabrication artisanale, souvent isolément offerts par des particuliers dans les rues… Certains avantages commerciaux seront aussi offerts à ces artisans fabricants, pour les encourager et les renforcer dans le rôle de producteur.

*) l'achat en gros à des prix conventionnels, et la vente au détail dans les mêmes conditions, de produits de consommation de première nécessité, c'est à dire à une fraction de leur prix courant, à déterminer: que ce soit pour leur vente sur le marché public, que ce soit pour la distribution à domicile.

*) la construction et la mise en location de petites installations mobiles et escamotables (kiosques pour vente de livres, de journaux, « stands » de restauration avec équipement de base : tubes de gaz, batteries, pour fournir chaleur et lumière).

*) Aux marchands isolés la mise à disposition de contenants hygiéniques mobiles et à roues, pour offrir les « crèmes a la glace, gelées, mambas, chocolats, douces au lait, et même du jus de canne… ».

Comme en tout démarrage, ces interventions de l'Etat dureront seulement le temps suffisant pour permettre progressivement aux opérateurs la constitution d'un capital, et pour « booster » l'opérateur sérieux et patient à un échelon supérieur de « business ».

a.2. - Au groupe des opérations naissantes du secteur informel

Il convient d'offrir aux petites entreprises déjà installées, mais dont les propriétaires ne disposent pas de capital suffisant, les facilités d'opération ainsi que l'assistance technique et financière nécessaire à leur avancement.

Les interventions viseront en particulier à éviter une augmentation désordonnée de produits périssables (agricoles surtout) ; réguler le flux des produits importés ; encourager les petites installations de transformation de la matière première locale, bref, chercher à rendre la production compétitive face aux marchandises importées.

a.3. - Au groupe d'opération du secteur formel

L'Etat envisagera la promotion d'entreprises d'orientation économique de grande envergure et de portée internationale, telle, par exemple, l'industrie de la pêche.

Notre grande baie de la Gonâve, n'est, parait-il, pas très poissonneuse. Mais nous avons des sites maritimes au Nord et au Sud que le capital privé hésite encore à exploiter. Il revient sans doute à l'Etat d'y promouvoir la pêche, son exploitation et exportation, au cours de la phase initiale de notre croissance économique.

Ce sera aussi l'occasion d'appliquer aux entreprises de départ, surtout sur le terrain de la production industrielle, les conditions de la « Concession » ou « **Location des actifs fixes** ». Grâce à ce système l'Etat loue aux initiatives intéressées, sur présentation de leur demande et projet, le local, et même les installations nécessaires à leur fonctionnement. Ce loyer, d'un montant nul au début, passera par un minimum et augmentera progressivement, selon la croissante rentabilité des entreprises, jusqu'à leur maturité socio-économique, à partir de laquelle leur seront appliqués totalement les taxes et impôts auxquels elles seront assujetties.

L'Etat facilitera également l'implantation des « factories » d'emballage et de présentation.

En attendant que le monde des affaires en prenne charge, il revient aussi à l'Etat d'assurer un réseau de voyage et de transport fiable et à bon marché entre les différents centres urbains et entre les villes, que ce soit par voie terrestre, maritime ou aérienne, à un taux rémunéré très voisin du coût réel minimal de ces opérations.

A l'Etat il reviendra, enfin, d'harmoniser avec l'amélioration de notre économie l'augmentation périodique raisonnable de notre exportation en cours, pour une meilleure adéquation des prix, et une amélioration de notre balance commerciale et de notre PIB.

L'Etat cherchera la rédaction et passation de contrats d'import-export dans des termes favorables au marché national.

L'Etat travaillera a établir et à faire fonctionner un système bancaire sérieux honnête et compétent pour mériter un crédit international de plus en plus étendu et solide.

Enfin, il convient de signaler que la conduite des différentes démarches de l'Etat doit revêtir une certaine note d'élégance, obéir à un protocole de bon aloi, pour ne prêter le flanc à aucune critique méprisante.

Pour faire face à la déficience initiale de notre circulant, des économistes professionnels haïtiens, sans doute, connaissent d'autres moyens qui échappent à notre vision. Il convient qu'ils nous les exposent.

b. - Assistance justifiée des organismes internationaux

Nous pourrons alors, avec toutes les garanties nécessaires, au lieu de leur « tendre le coui », recourir avec droit aux Organismes Internationaux. Nous en obtiendrons la collaboration financière et technique requise, tant pour corriger toute déficience que pour exécuter les travaux nécessaires d'infrastructure et de structure.

c. - Conséquences

Une fois bien amorcé ce démarrage, l'Etat progressivement, à mesure que s'en présenteront les moments opportuns, laissera libre cours au Capitalisme Libéral. L'Etat commencera effectivement et progressivement, alors, à s'enrichir de la richesse de ses citoyens. En prélevant les taxes et les impôts, produits du capitalisme en action, il pourra alors faire face avec succès à sa charge socialiste d'assister les quatre conditions d'incapacité au Travail : L'Ignorance, La Maladie, Le Chômage forcé et la Vieillesse.

Nous pourrons alors commencer et continuer à sentir notre bien-être progressif s'inscrire définitivement dans une croissante « Spirale de Production ».

5
La Production

ET ALORS… L'ÉDUCATION et la formation de l'Etre Haïtien aux niveaux physiques, intellectuels et spirituels lui permettront d'entreprendre la tâche enrichissante de Produire.

A. - Production artistique

La méthode des vidéos nous permettra de déceler et d'encourager nos vocations vers l'Art.

Seront alors divulgués les principes de la Peinture et de la Sculpture, et aussi les techniques de ces productions.[N.B.4].

A coté de nos « équipes » musicales, créatrices de nos « compas » de danse, nous disposerons aussi de plusieurs orchestres symphoniques. En plus des chefs-d'œuvre étrangers, ils exécuteront la musique classique de nos propres auteurs. Actuellement en sommeil dans notre potentiel artistique, d'autres Oxyde Jeanty et Ludovic Lamothe n'auront besoin que de la promotion nécessaire pour se

---

[N.B.4] C'est un étranger, un américain, Dewitt Peters, qui a décidé nos artistes haïtiens d'alors, nos Joe Ramponeau, a former « Le Centre d'Art » officiellement inauguré en 1944.

réveiller, mûrir et fleurir dans ce niveau de l'art, parait-il, déjà tombé, chez nous, dans l'oubli.

Nos vidéos nous permettront aussi d'éduquer nos mains habiles à la fabrication de nouveaux articles de notre artisanat créateur, et aux techniques y afférents.[N.B. 5].

B. - Production agricole

L'autre important domaine de production, à considérer dès le début dans notre Plan National de Développement, est celui de l'Agriculture.

Pour commencer, nous devrons nous réveiller de ce système colonial de production dans lequel nous nous sommes endormis,[N.B.6]. Nous devons adopter des méthodes modernes et scientifiques.

Grâce à la formation spéciale de nos cultivateurs nos réformes agraires cesseront d'échouer. Nous n'aurons plus à importer 80% de notre consommation alimentaire. Nous devons plutôt arriver à en produire un surplus pour l'exportation.

Tout le monde se plaint des conséquences négatives de notre déboisement irresponsable. Mais rien ne se fait pour arrêter ce suicide, et encore moins pour en réparer les effets. L'une des premières estimations que doit publier notre Plan National de Développement est la situation des zones à reboiser. Des mesures sévères doivent être prises pour y arriver de façon méthodique et contrôlée.

[N.B.5] A existé chez nous une « Maison Centrale… » dédiée à l'entraînement artisanal. Elle était ouverte principalement aux « petits vagabonds », aux « sans abris », aux orphelins… Qu'est elle devenue?

[N.B. 6] Dans un pays qui s'est dit essentiellement agricole, c'est l'occupation américaine qui, enfin, a créé chez nous à Damien notre première «Ecole Nationale d'Agriculture… »

Des vidéos appropriés enseigneront aux paysans les procédés les plus sûrs pour le succès de leurs plantations. Le « ***Programme de Service de la Sécurité Alimentaire*** » (**PSSA**), du Ministère de l'Agriculture, trouvera la façon la plus directe et la plus efficace pour atteindre, maintenir et même déborder la « *sécurité alimentaire* ». Un crédit bien contrôlé permettra au cultivateur, pour commencer, de bien mettre en œuvre les méthodes recommandées et d'en tirer tout le profit possible.

Si les circonstances le réclament, l'achat des récoltes sera aussi assuré, pour un temps, par l'Etat à un coût de convenance, au profit des intérêts du producteur. La marchandise sera mise à la disposition tant du consommateur local que du commerçant et de l'industriel, aux coûts appropriés. Les prix à l'exportation dépendront, par ailleurs, du marché international.

C. - Notre Crise énergétique

Aujourd'hui, dans le monde entier, la technologie est la source première de travail, au point de considérer qu'il en est née une vraie « technocratie ».

Chez nous, le fleurissant progrès de notre artisanat est cependant limité. Au profit de leur habileté et de leur talent nos mains habiles doivent pouvoir recourir à des instruments auxiliaires actionnés par une énergie de source extérieure.

Par ailleurs, à ce niveau de notre évolution et face à la créativité mondiale, il nous revient aussi d'aller au delà de notre sensibilité artisanale et de passer aussi au stade réellement industriel. Il nous faut pour cela disposer d'une énergie appropriée, particulièrement de l'énergie électrique.

N'allons pas croire que nos difficultés actuelles à produire l'électricité pour notre usage domestique sont incontournables. Nous n'avons fait aucun effort pour sortir de la routine hydroélectrique et de la combustion des carburants traditionnels.

Pourquoi rester les bras croisés à attendre que d'autres nous apportent ce dont nous avons besoin? Pourquoi ne pas chercher nous-mêmes à résoudre nos problèmes énergétiques, qui ne sont d'ailleurs pas exclusivement haïtiens?

Depuis 2002 a été élaboré un plan pour le « **Développement de partenariat avec la Société Civile pour la promotion des Energies Renouvelables** » inclus dans le Programme des Nations Unis pour le Développement (PNUD). De même existe encore une « **Fondation Haïtienne de l'Environnement (FHE)** ». On a même considéré un « **Réseau National en Faveur des Energies Renouvelables** (RENER) ». Quels en sont les résultats? Sont-ce encore des « Plans pou dépo »?

Faisons face à la Production. Commençons, pour ce faire, à celle de l'Energie.

Avant de penser à disposer de l'Hydrogène, et à dominer les dangers auxquels nous exposeraient la conservation et l'emploi de ce parfait combustible, il nous revient, dès aujourd'hui, d'étudier systématiquement, au moins, d'autres sources d'énergie.

a. Pour la production électrique d'usage domestique, mettre en pratique, à coté des procédés en usage, l'emploi additionnel de l'énergie solaire et éolienne, même sous l'administration et le contrôle de l'Etat…
b. Pour la production de l'énergie à des fins industrielles dans les zones spéciales, recourir à l'emploi systématique d'un bois de chauffage approprié. Le **Ipil-Ipil** (Leucaena leucacephala) en usage aux Philippines en est un. Nous

5 LA PRODUCTION

disposons, nous aussi, de riches «agro-carburants» à identifier, en plus de notre « **medciyin** » et à coté de notre « **jatropha Pepinye** ». Bien entendu, nos arbres qui, ou bien de soi ou par leurs fruits, se prêtent à la nutrition ne doivent point abdiquer de leur fonction alimentaire. Enfin, nous ne serons pas, non plus, ni les premiers ni les seuls à transformer nos détritus en source énergétique. Par ailleurs, même à des fins industrielles, il conviendra d'emmagasiner dans des accumulateurs appropriés, conjointement, les charges électriques d'origine solaire et éolienne, pour l'éclairage et pour le fonctionnement des appareils de faible consommation. Dans les zones côtières, même peuvent s'employer, d'autre part, pour activer des génératrices adéquates, les changements de pression pneumatique résultant des mouvements de la mer sur le volume d'air contenu dans des conduites de dimensions et de formes appropriées.

c. Enfin, en tout usage pour lequel elle est indispensable, nous devrons forcément employer l'énergie produite par la combustion du pétrole et de ses dérivés.

Et puis… Serait-ce un rêve impossible de prétendre dérober aux ouragans et cyclones, qui si souvent nous soufflettent et avec tant de fureur, une bonne portion de leur rage éolienne si lamentablement destructrice? Serait-il impossible de conserver de leurs rafales impitoyables des mégawatts utiles emmagasinés dans des accumulateurs appropriés???...

Alors…stimulée par de telles réussites, Haïti, certainement, cessera de former des intellectuels pour l'exportation. Nos Ecoles et Universités, dotées d'équipements et de professeurs compétents, et riches en DVD de valeur, nous enseigneront les sciences universelles et leurs techniques, qui nous permettront d'inventer, de produire et de fabriquer les appareils, les marchandises et les objets d'art, utiles à toute la société. La Nature offre à nos intelligences opportunément préparées le Sol et sa fertilité, le Sous-sol et ses mines, la Mer et ses ressources, les Résidus à recycler. Les Energies (animale, éolienne et solaire photovoltaïque) seront exploitées, suivant les prévisions du Plan National de Développement. Nous trouverons l'utilisation optimale à donner à nos détritus. Nous saurons alors comment construire les infrastructures nécessaires à notre confort.

Animés par le dialogue horizontal entre l'Etat et le peuple, les citoyens dûment préparés, impliqués et intéressés à certaines investigations et à certaines productions s'associeront pour rechercher l'accès au succès collectif et progressif. Il ne s'agit point de prétendre, chacun, triompher tout seul en des compétitions qui promettent. Le succès ne doit pas être égocentrique ; il faut le partager.

Si les Japonais, après la dernière guerre mondiale, ont pu ajouter des caractéristiques nouvelles aux « patentes » et « licences » industrielles commercialement cédées par les pays étrangers, pourquoi les spécialistes haïtiens ne pourront ils pas, à leur tour, enrichir les techniques étrangères par leur propre créativité?

D. - Production en substitution à l'importation

La production manufacturière chez nous représente, il se dit, à peine 12 % de notre PIB, et occupe seulement quelque 20 % de la main d'œuvre disponible.

Un examen même superficiel du commerce d'importation fait ressortir qu'il y a des domaines de transaction dans

5 LA PRODUCTION

lesquels une Production Nationale pourrait trouver une place confortable. Les mains oiseuses pourront trouver du travail si la mobilisation générale s'engage dans l'agro-industrie, ; dans l'industrie manufacturière, dans les métiers simples : ferblanterie, cordonnerie, coupe, pâtisserie, confiserie ; dans les laboratoires de fabrication de produits pharmaceutiques, dans l'étude scientifique et l'élaboration des remèdes recommandés par le vodou ; dans l'industrie du plastique et tant d'autres. Il nous revient, sitôt que possible, de mettre en action notre propre fabrication, en substitution d'une importation, même proprement taxée. On doit chercher et on trouvera comment produire sur place les articles qui s'y prêtent.

Particulièrement... Si nous disposons des matières premières nécessaires, pourquoi ne pas inviter au moins l'un des pays producteurs a venir installer chez nous une usine de fabrication de panneaux solaires?

Beaucoup d'articles sont fabriqués directement par des machines qu'il suffit simplement d'importer, d'installer et de mettre à fonctionner.

Même alors, en plus de satisfaire la consommation locale, ces articles « made in Haïti » peuvent et doivent passer le test de la qualité et entrer en compétition avec les articles de fabrication étrangère, et mériter l'exportation.

E. - Promouvoir l'exportation

Pour sûr, le commerce national, dynamisé par un croissant pouvoir d'achat, augmentera la consommation des produits nationaux et le fonctionnement des industries complémentaires de présentation qui en dériveront.

Plutôt, c'est le commerce d'exportation qui va nous accorder l'occasion de valoriser progressivement notre PIB.

(Ce montant ne doit point dépendre de l'envoi de fonds par « la diaspora ». Il faut renverser la situation.) Actuellement, la valeur de nos importations est, parait-il, de trois fois supérieure à celle de nos exportations. Comment pouvons nous alors soutenir et améliorer le taux de change de notre « gourde »?

Trouvons d'abord des compromis avec nos voisins de la CARICOM. Nous devons aussi arriver a souscrire avec les autres pays du monde des accords de commerce qui doivent nous permettre d'effectuer les exportations nécessaires pour augmenter notre réserve en monnaie internationale. Le dialogue Etat-Citoyen doit soutenir la recherche d'un mieux être progressif tant sur le terrain de l'Art, où la valeur du produit est absolument libre, que sur celui de l'Artisanat, qui dépend de l'accueil dans le « set artistique » international. Il s'étendra sur le produit de l'Agriculture, sur nos produits Industriels et aussi sur nos Matières Premières. Il convient de le répéter : le prix de vente de ces produits, et en conséquence le montant de leur apport, ne dépend pas tant de leur quantité, sinon de leur qualité et de leur appréciation sur le marché.

Sans tomber dans les excès, un petit pays comme le notre, pour renforcer l'économie, peut même, comme il s'est dit, engager la main d'œuvre locale dans la production de certains articles d'usage plutôt externe, dans des « factories » d'assemblage de sous-traitance. L'importation, l'installation de la technique et aussi du capital étranger, et même de la matière première, peuvent contribuer à une importante mobilisation de notre main d'œuvre, s'il en résulte, bien

5 LA PRODUCTION

entendu, un coût de fabrication qui permette une exportation appréciable de ces articles « made in Haïti ».[N.B.7]

Par ailleurs, il reviendra aussi à l'Etat de travailler à l'augmentation de la « valeur ajoutée » dans nos éléments bruts d'exportation. Notre sol nous fournit certains produits seulement utilisés par l'industrie étrangère. Notre sous-sol renferme, en outre, des « matières premières » dont nous ne sommes pas encore en mesure de faire usage. A ces produits seront alors ajoutées, au préalable de leur exportation et pour en augmenter le prix, toutes les qualités que peut fournir notre main d'œuvre nationale.

N.B. 7 En Haïti le « base-ball » ne se joue pas. Cependant « Prominex » en exportait les balles.

6
Infrastructure et Structure

LE SUCCÈS DU dialogue horizontal entre l'Etat et le Peuple joint à l'efficience de la Production nationale ouvrira à l' Etat la simple et même muette autorisation des citoyens, pour entreprendre tant la construction des ouvrages d'infrastructure, considérés publiques ou nationaux, que la formation des structures sociales nécessaires au confort et à l'évolution de la nation.

Il revient aux Ministères qualifiés d'entreprendre l'élaboration des ouvrages et d'en assurer le fonctionnement soit directement, soit par l'intermédiaire d'entreprises privées, avec ou sans financement international.

En plus de fournir la commodité aux besoins de la collectivité ces constructions permettront aussi la mise en action d'une main d'œuvre spécialisée.

A. - Captage, traitement et distribution de l'Eau

En ce qui concerne nos chutes de pluie, il nous revient d'abord de faire face à la protection des versants dangereusement exposés de nos mornes. Nos sommets à forte inclination doivent appartenir exclusivement à l'Etat, qui doit prendre soin tant de leur protection que de leur potentiel de production.

Dans les centres de résidence ce qui importe c'est le **captage** de l'Eau et le **traitement** de ce précieux liquide, suivis de sa **distribution** technique et sanitaire à la communauté régionale. C'est en complément de cette entreprise primordiale qu'un drainage approprié assurera l'évacuation des excès, selon les pentes et les durées d'écoulement des eaux de pluie.

Dans les campagnes, dans les zones de Production Agricole et d'Elevage, on devra arriver à assurer, par des ouvrages appropriés, une réserve de la surabondance des pluies quand elle a lieu, afin d'en tirer profit durant les époques de sécheresse.

L'irrigation de nos plaines doit se perfectionner.

B. - Drainage et Assainissement

En plus du drainage approprié des zones agraires qui le réclament, il est grand temps que le pays apprenne à faire face au traitement des eaux polluées, dans les villes et surtout dans les zones à vocation touristique. Ces eaux traitées serviront particulièrement à irriguer les jardins publiques et les sites végétaux de finalité ornementale.

C. - Voies de communication

Dans les villes les voies de communication constituent aussi les voies de distribution des services publics : de l'eau, de l'électricité, du téléphone, et aussi du gaz combustible (dans les centres où ce carburant est directement servi en réseau au consommateur). Leur implantation projetée s'imposera à toute nouvelle urbanisation. Leur entretien exige un service permanent. Les routes et autoroutes de tout genre doivent

6 INFRASTRUCTURE ET STRUCTURE

assurer en pleine sécurité le transport des passagers et des marchandises. La topographie montagneuse de notre territoire exige dans le tracé de nos routes une succession de courbes inévitables ; il nous faudra, des fois, recourir à des percées de tunnels et à des lancées de viaducs relativement coûteuses.

Il revient aussi à l'Etat d'assister les résidents des zones rurales dans le tracé, le service et l'entretien de leurs pistes et sentiers.

D. - Hôpitaux et Centres de Maternité

A coté des centres éducationnels, les services publics les plus indispensables sont les hôpitaux. Des institutions spécialisées seront établies. Les malades de tout genre doivent y trouver, de la part de médecins compétents, l'assistance à laquelle, tous, nous avons droit. Des quatre limitations de l'individu au travail -- l'Ignorance, le Chômage forcé, la Maladie et la Vieillesse -- auxquelles doit faire face le Socialisme de l'Etat alimenté par le Capitalisme des Citoyens, la Maladie est certainement la plus exigeante, parce que la plus urgente.

Par ailleurs, ce n'est plus le temps où les dévouées et compétentes « sages-femmes » apportaient à la parturiente l'habilité et les soins nécessaires à cette merveilleuse opération. Les futures mères doivent trouver, dès la conception du bébé et de la part de spécialistes compétents, tous les soins dont elles ont besoin pour une saine grossesse et un heureux accouchement dans des centres bien situés et bien équipés et bien entretenus.

E. - Electricité domestique

Cette assistance actuellement incombe à l'Etat. Les Gouvernements ont la responsabilité de trouver les méthodes de production et de vente de l'électricité à la population à un coût raisonnable.

L'Etat devra, au moins, entreprendre des recherches pour mettre aussi l'énergie électrique au service des résidents de nos centres ruraux.

A la campagne, (comme d'ailleurs aussi en ville) l'éclairage des voies publiques, peut se faire par l'usage directe des panneaux solaires fixés au sommet des poteaux porteurs des sources lumineuses. De plus, des mécanismes actionnés par l'énergie éolienne, et même des moteurs activés par les bêtes de somme, seront utilisés par des centres appropriés, pour recharger les accumulateurs des propriétaires d'appareils, audio-visuels et autres, en service dans la région.

F. - Le Tourisme

Les charmes naturels de nos paysages et les particularités originales de notre vie sociale offrent encore aux étrangers des attraits suffisants pour les porter à nous visiter. Nos enchantements naturels nous offrent, à nous aussi, l'occasion d'y passer nos vacances. Il nous revient alors, avec l'assistance de l'Etat, de réintroduire chez nous le Tourisme, avec toute la complexité de ses techniques.

Trois types de paysage, trois niveaux territoriales, se prêtent à fleurir pour le plaisir des visiteurs. Le niveau marin offre ses plages et ses « cuisines » particulières. Le niveau moyen des terres enchante avec ses zones de culture et ses fruits spécifiques. Les sommets de nos mornes tranquillisent avec leur fraîche température, leur panorama et leurs oiseaux enchanteurs.

Pour sûr, et en conséquence, ces milieux obligent aussi à disposer et à entretenir des voies de communication appropriées pour y accéder commodément.

6 INFRASTRUCTURE ET STRUCTURE

Sans concéder, ne serait-ce qu'un point sur l'intégrité de notre territoire, ouvrons nous à l'exotisme. Par le biais du tourisme nous recevrons sur place, en marge de nos exportations, un surcroît de devises étrangères qui fortifiera notre monnaie nationale et enrichira notre balance commerciale.

Le Ministère du Tourisme apportera sa coopération à celui du Commerce et de l'Industrie et à la Banque Centrale pour rendre compte périodiquement au public de la balance internationale de notre monnaie, de l'évolution du taux de change de notre gourde, et des progrès de la balance commerciale des pays.

G. - La Police

En plus des atouts physiques, sociaux, intellectuels et artistiques, le pays a besoin, et de façon urgente, d'une structure sociale très spéciale: la Police.

L'occupation américaine de 1915 a laissé une fausse organisation, celle de réunir en un seul corps l'Armée et la Police. L'Armée est une organisation destinée à protéger et à défendre le territoire national et la population, contre toute action collectivement négative. Elle doit être équipée et exercée en vue d'accomplir cette mission sur terre, sur mer ou dans l'air. De plus, les menaces contre la sécurité territoriale ne sont pas exclusivement humaines. La Nature aussi, des fois, nous punit. Les « punaises » ont, peut-être, complètement disparu de notre ambiance, mais il nous reste encore, parait-il, à éliminer les « rats » et les « marengwens » qui infectent notre île de la Gonâve. Et, si le déboisement détruit notre capacité agricole, à l'armée peut être confiée la tache de notre reforestation.

Notre frontière est-elle dûment protégée? Maintenons nous le contrôle sur notre île de « La Navase »?

Notre Constitution considère l'existence d'une armée (Titre XI-Articles 263 et suivants). La nécessité de cette force n'est donc point une résolution qui dépend de l'exclusive décision d'un Président de la République. Elle doit être débattue par les citoyens convoqués à cette fin.

Autre chose est le caractère permanent et indispensable de la Sécurité Interne. Toute société doit maintenir de l'ordre en son ambiance. Elle doit assurer la protection de tout citoyen contre tout possible abus de la part de tout autre. Elle y arrive par la Police.

Chez nous, comme partout ailleurs, il faut constituer cette structure en **quantité** suffisante pour assurer la tranquillité de tous les citoyens. A coté du corps spécial chargé de contrôler dans les rues la circulation des moyens de transport, il nous revient d'assigner à notre Police trois importants domaines d'action. Dans son rôle **préventif**, en plus des armes opportunes et des motocyclettes appropriées, l'assisteront les instruments actuels de communication téléphonique directe et personnelle. A son rôle **répressif** se prêtera le transport rapide en voitures spéciales et l'emploi, des fois, face à la foule, des procédés non destructifs. Enfin un secteur particulier de la Police doit être spécialement entraîné pour l'investigation **scientifique** des crimes qui n'ont pu s'éviter, et la découverte du ou des responsables. Dans tous les cas une Police, en quantité suffisante et de qualité recquise, doit disposer des appareils et des armes modernes appropriés, spécialement destinés à chaque fin.

La Police est une structure indispensable dont le rôle est de protéger le citoyen, et de mettre la force au service de la Justice.

7
Notre Vision Economique

A. - Les autres et Nous

SI NOUS FAISONS face a toutes ces obligations de renverser les obstacles et de nous atteler à rebâtir notre « Ayti cheri », bien rapidement tout changera dans notre vie économique et sociale.

Ne nous laissons ni freiner ni conduire aveuglément par des suggestions venues de l'étranger. Agissons avec discernement.

Dans l'humanité actuelle, trois grands groupes politiques font face à leurs problèmes de développement de façon forcément différente.

D'un coté, le groupe des sociétés au sein desquelles triomphe la « technocratie » contrôle les possibles excès du Libéralisme. (…La Chine, procédant à l'envers, enfin y est arrivée …). D'un autre coté, les pays de l'Amérique Latine, et les autres, dits « en voie de développement », cherchent à tirer un meilleur profit de leurs productions naturelles et de leurs « matières premières ». Ils veulent échapper aux inconvénients de la « globalisation ». Enfin, l'imposante « théocratie » des sociétés de l'Orient accepte difficilement la « technocratie » de l'Occident. Elle résiste encore difficilement au désir, estimé comme une mission sacrée, de faire naître sur cette terre un Nouveau Monde « à la gloire de l'Etre Suprême ».

Notre mère, l'Afrique, cherche encore sa voie, entre le monde de la Nature et celui de la Technique. Elle arrivera à une synthèse.

Dans notre petit pays, les problèmes, et partant leurs solutions, ne sont pas, et ne peuvent être, les mêmes que ceux confrontés dans ces autres zones socio-politiques plus haut mentionnées.

Nous constituons une exception, tant dans la géographie que dans l'histoire de notre propre Continent.

Nous occupons le tiers d'une île. La nation voisine parle une langue en usage dans tout le sous-continent, alors que nous autres à peine et en partie parlons-nous une langue « extra américaine ». Nos voisins de frontière conservent encore des édifices d'architecture religieuse (et même des institutions universitaires) construits par l'ancienne autorité coloniale. A nous autres il n'en reste aucun. Nous ne nous assimilons ni à l'Amérique du Nord, ni à l'Amérique du Sud. Nous ne sommes pas, non plus, un TOM (« Territoires d'Outre Mer ») en dépendance d'une Mère-Patrie… Ne nous laissons donc pas imposer des solutions qui ne sont pas nôtres.

A nous, dans l'immédiat, il revient de résoudre un problème économique spécifique : passer le plus vite possible de la misère au plein emploi…

B. - Notre Capitalisme Socialiste

En général, comme signalé précédemment, un fait semble échapper à l'entendement et au vocabulaire politique d'aujourd'hui. C'est que Libéralisme et Socialisme sont, l'un et l'autre, « capitalistes ».

Chez nous en Haïti, l'Etat, ne dispose pas d'un Capital propre, c'est-à-dire d'un avoir suffisant pour produire et se développer. Il ne peut donc adopter la formule du Socialisme, faisant de ce régime un Capitalisme de l'Etat.

Par ailleurs, prétendre passer « révolutionnairement » et définitivement à ce système n'est autre chose, il faut le répéter, que le déguisement de l'égocentrisme individuel de certains assoiffés de pouvoir et de grandeur, qui cachent leur « personnalisme » sous le manteau du « socialisme », pour se coiffer d'un titre, et mériter, croient-ils, les hommages de l'histoire. Par ailleurs, partout où s'impose le Capitalisme d'Etat, seuls les membres du Gouvernement jouissent des conforts de « l'avoir » et de « la richesse ». Ils s'obstinent alors à garder le pouvoir.

Actuellement, au sein de plusieurs nations où fleurit déjà la démocratie participative, l'Etat travaille à maintenir l'équilibre entre les deux plateaux de la balance du bien-être collectif. D'un coté, le citoyen tire profit des initiatives créatrices du Libéralisme. De l'autre, l'Etat, par le Socialisme de ses lois, perçoit sa part de la richesse en circulation, contrôle toute tendance d'abus, et assiste le citoyen en toute incapacité provisoire dans le processus de production.

Ainsi ferons nous...

Comme nous l'avons vu, une certaine action initiale d'un Capitalisme d'Etat, sans être exclusive, est indispensable mais provisoire. Cette intervention de départ doit alors progressivement céder la place au Libéralisme Créateur, qu'il reviendra toujours à l'Etat de contrôler pour maintenir l'équilibre de notre balance socio économique.

Le système économique à établir chez nous créera des rapports de coopération entre l'Individu, la Société et l'Etat. Dans ce régime le Libéralisme entretient la liberté de chacun à offrir ses services à qui en a besoin. La rétribution dépend du coût de la vie et de l'abondance du circulant. Le Libéralisme accorde à l'individu créateur le droit d'enregistrer et de protéger la propriété de sa production intellectuelle par des patentes et des licences appropriées. Dans l'organisation de nos « Compagnies Capitalistes » la collaboration individuelle, l'acquisition des documents d'investissement, des « actions », de caractère « personnel » ou « anonyme », sous le contrôle fantaisiste mais réel, de la « Bourse » publique d'appréciation, permettra de rechercher la compétence et le succès, pour le triomphe de la technique et le profit des travailleurs et des employés. Ainsi -- à coté du Coopérativisme considéré comme un jeune frère à entretenir -- le Capitalisme contribuera à créer, grâce à la richesse du citoyen acquise par le travail, la richesse de l'Etat dans sa mission socialiste d'apporter à l'individu son assistance à toute relative incapacité au travail.

Et alors, en plus de cultiver systématiquement les seuls biens de la Nature, et de les travailler uniquement en atelier artisanal, nous allons créer des entreprises technologiques de production et même d'invention. Nous devons apprendre, en égard au circulant national, à estimer les obligations du Peuple envers l'Etat, pour permettre en retour à l'Etat de donner satisfaction aux exigences du Peuple.

Maintenue dans le temps, une relation de cause à effet se renforcera entre l'**Education** et la **Production**. Cette interaction conduira à une augmentation continue de la

7 NOTRE VISION ECONOMIQUE

richesse nationale, à une amélioration progressive du **bien être social**. En fin de compte notre développement amorcera les premiers segments d'une **spirale ascensionnelle de développement**.

Par ailleurs, le processus de formation de capital et de financement préconisé dans ces lignes est la formule la plus sûre, en marge et en complément des dispositions de la Loi, pour contrôler la **corruption**. En effet, quand une Classe Moyenne majoritaire, bien formée et bien rémunérée, se sent suffisamment préparée et recherchée sur le marché du Travail, elle ne craint point le chômage, encore moins la pauvreté. Elle ajuste ses aspirations à ses propres moyens, et, ses moyens, à ses propres aspirations. Le citoyen honnête et consciencieux, évoluant dans cette ambiance de socialisme démocratique, ne sera même pas l'objet de la tentation d'un enrichissement personnel considéré inutile. Il sera toujours prêt à condamner tout détournement des fonds de l'Etat.

Et alors, que ceux qui aujourd'hui ont un certain succès n'aillent pas croire qu'ils le doivent á l'ignorance des autres. Au contraire, des entreprises, impossibles à réaliser hier, auront, demain, un succès assuré, dans la mesure où nous arrivons à bannir l'obscurantisme et à former nos citoyens dans l'exercice de la démocratie.

C. - Notre Réserve monétaire

Comme corollaire à l'augmentation du volume de la Production nationale, et du Commerce international, recherchée avec constance et ténacité, un niveau de réserve monétaire de plus en plus important sera enregistré. La création des biens matériels et, partant, notre richesse nationale grandiront à un rythme suffisant pour neutraliser et éventuellement dépasser celui de notre croissance démographique. Le Ministère de l'Economie et des Finances pourra maintenir en circulation, grâce à une réserve adéquate dans les caisses de la **Banque Centrale**, une masse monétaire suffisante pour la garantie de bien vivre le présent, et pour améliorer sans cesse notre avenir.

Le public devra être informé sur la situation courante de l'avoir national, sur les obstacles à surmonter et sur les dispositions pertinentes prises pour les corriger.

Nos ambassadeurs et consuls dans les pays étrangers auront, entre autres missions, celle de nous découvrir des marchés offrant les meilleures conditions d'importation et d'exportation. Ils entreront aussi en contact avec des « centres universitaires » et des « agences d'entraînement » dans tous les domaines d'Apprentissage et de Perfectionnement et feront bénéficier nos concitoyens de ces contacts. Ils contribueront aussi, à augmenter ainsi notre richesse nationale.

Et alors… Les Ministères des Affaires Etrangères, du Commence et des Finances prépareront, en temps opportun, des rapports explicites sur la balance entre l'Importation et l'Exportation. En général ils demanderont la collaboration spécifique des particuliers : producteurs, intermédiaires et consommateurs. Et alors la stabilité et l'enrichissement du patrimoine national commenceront à devenir une réalité.

8
Conclusions

A. - La Spirale de notre Progrès

La **représentation graphique** habituelle du Progrès est un arc de croissance tracé dans l'angle traditionnel formé par l'axe vertical de l'Avancement et celui horizontal du Temps. Invitons maintenant notre imagination à suivre dans l'espace le dessin d'une figure spéciale et spatiale pour symboliser notre future Evolution.

Visualisons pour commencer le déroulement cyclique du Temps. Actuellement -- voyons nous -- indifférents à notre propre indifférence, les douze mois de l'année se succèdent, en rond de cycle, autour d'un axe vertical et infini, et décrivent une simple spire, ascendante, cylindrique et monotone.

Or, au long de cette indifférente évolution du Temps, notre action conjuguée de Culture entre l'Etat et la Population, nous fera avancer vers une vraie Démocratie Progressiste. La Créativité combinée de l'Etat et du Citoyen conduira résolument, alors, à la Promotion Nationale.

Ainsi, parallèlement à notre culture, le montant de notre richesse augmentera aussi, et se mettra, alors, au service des générations nouvelles. Celles-ci seront, à leur tour, bénéficiaires d'une formation supérieure à l'antérieure. Elles contribueront ainsi, avec encore plus de succès, à notre permanent Avancement.

Dans ce cas particulier de notre devenir, en renforcement de l'action des causes sur les effets, les « effets », à leur tour, agiront sur les propres « causes » en promotion, tout au long des cycles du Temps…

Par ailleurs, une entité absolument abstraite couronnera les éléments quantitatifs définis dans les statistiques. Cet atout ne peut se traduire par aucun chiffre. C'est le **Bien-être** personnel et collectif.

Alors les choses changeront…

Les douze mois de l'année continueront leur ronde automatique, répétitive et cylindrique autour de l'axe vertical et infini du Temps. Mais, notre essor national commencera à s'améliorer et à s'éloigner des tours automatiques et indifférents de l'almanach.

A partir d'alors, la courbe géométrique spatiale proprement représentative de notre progrès suivra une allure toute spéciale.

L'arc de notre Avancement se lancera au long de chacun des mois de l'année, en en suivant l'inévitable rampe verticale, mais s'éloignera de l'axe de référence à une distance horizontale progressivement croissante. Il décrira ainsi une image spéciale, une figure qui symbolise notre rêve, notre vœu de citoyen, et que, dans la ferveur de notre enthousiasme, nous appelons notre « **Spirale ascensionnelle de Progrès** ».

B. - Notre Evolution

Parallèlement au progrès socio-économique du Pays, l'évolution ontologique de l'Etre Haïtien et de notre Société Nationale s'inscrira dans la réalité.

Le Potentiel Evolutif humain est strictement individuel. Ce don, malgré la consanguinité de source paternelle et maternelle, n'est même pas familial. Il est alors encore moins racial.

Précisément. Dans le passé de notre histoire, l'un des puissants moyens mensongers auquel eut recours le crime de l'esclavage, fut celui de bloquer le potentiel individuel de nos enchaînés. On a essayé de créer chez eux un complexe d'infériorité. On a prétendu les forcer à croire que cette limitation du savoir était, à la fois, naturelle et commune à toute la race dominée.

Cette tentative d'étranglement a complètement échoué.

Notre Présent, tant individuel que national, procède d'un Passé dominé. Notre Avenir maintenant dépend exclusivement de l'actuelle ouverture et de la conséquente libération que nous arriverons à assurer au potentiel évolutif individuel de chaque citoyen, et qui forcément se reflètera dans la collectivité nationale.

Suite aux efforts éducatifs à entreprendre aujourd'hui, rien ne pourra freiner l'Evolution essentielle de l'Etre Haïtien. Disposant des moyens nécessaires pour se développer, notre citoyen aura les yeux ouverts et le regard librement braqué sur toutes les zones de tout l'horizon étendu à toute l'humanité. Le potentiel de chaque Homme et de chaque Femme de notre Haïti tendra à atteindre son maximum. L'évolution individuelle alors se traduira en une évolution collective illimitée.[N.B.8]

[N.B.8] Si la Science a découvert les gènes de l'intelligence (IGF2R), trouvons comment encourager les « bien doués » à se reproduire en abondance, et aussi à compenser nos déficitaires dans leurs fils et dans leurs filles.

9. - Résumé

A. - Education démocratique

COMPATRIOTES, RENDONS-NOUS À l'évidence que la formule de Dessalines, « coupé tèt boulé kay », a déjà vécu son époque opportune. Aujourd'hui la lutte est singulièrement plus complexe, mais elle est absolument dépourvue de violence. Il n'existe qu'un seul moyen de triompher : « **éliminer l'obscurantisme.** »

Le premier pas...

Pour amorcer notre évolution l'Etat, avec ou sans la collaboration des centres particuliers, doit entreprendre directement l'Education Primaire, Secondaire, Artistique, Artisanale et Professionnelle, la répandant sur toute l'étendue du territoire national, avec recours au système de vidéo.

En même temps l'Etat travaillera à promouvoir dans la compréhension et le comportement du peuple le concept de la Démocratie représentative et participative. Dans ce Système c'est à nous, citoyens, qu'il revient de réunir les « têtes pensantes » de nos collectivités territoriales et nationales, d'identifier nos besoins locaux, d'évaluer nos ressources propres, de gagner la collaboration de nos intellectuels, de bien choisir nos « mandataires » au Parlement pour élaborer nos Lois et proposer les solutions bénéfiques aux problèmes locaux en étude. Il revient à notre « Démos » dûment préparé de faire valoir les particularités régionales dans la quête des solutions nationales, et de particiner valablement à la production, à la richesse et au développement du Pays tout entier.

En conséquence...

Muni de ces connaissances de base et motivé par l'intérêt de l'avancement de la Nation, le Peuple ne gobera aucune promesse messianique de la part d'un candidat fougueux. Il sera demandé compte à l'élu, durant son mandat, de l'accomplissement de ses engagements. Nous le féliciterons des succès obtenus grâce aux mesures appropriées prises conformément à ses promesses et à nos espoirs. Nous critiquerons ses erreurs en regard de nos aspirations mal servies. Nous l'obligerons même à se retirer, en toute justice et selon la constitution, en cas d'un non-respect évident et soutenu au mandat qui lui a été confié.

Bref, il nous faut sortir du « Régime Présidentialiste » et entrer, aussi vite que nous le permette notre formation citoyenne, dans le régime efficace de la « Démocratie Représentative et Participative. »

Le deuxième pas...

L'autre tâche sera pour l'Etat, à coté de la formation dans les arts, à coté de la production agricole, de s'engager résolument et à fond dans le développement de l'industrie locale, aux fins d'atteindre au plus vite le « Plein Emploi ».

B. - Démarrage socio-économique

Lorsque commenceront à fleurir les proches résultats de l'éducation généralisée du Peuple, de sa formation démocratique, et de l'implantation du Plan National de Développement, il reviendra à l'Etat d'intervenir directement, élégamment, mais seulement pour commencer, dans le commerce des marchandises courantes, et dans les premières périodes des industries naissantes.

En temps opportuns commencera à surgir un riche Capitalisme Libéral en soutien, entretien et maintien d'un puissant Socialisme d'Assistance de la part d'un Etat conscient tant de ses droits que de ses devoirs.

Il nous reviendra d'occuper une certaine place dans la productivité mondiale.

Hautement importante sera alors la tâche de contrôler et de surveiller la valorisation continue de notre monnaie nationale.

Il ne reste aucun doute…La formation immédiate du citoyen analphabète par le système de vidéo, grâce aux rayons de notre beau soleil, nous ouvrira toute grande la Porte du Succès…

Oui… Nous pouvons !!!

Epilogue

Homo sapiens... Homo faber...

L'HOMME EST LE seul être vivant auquel est refusé l'usufruit gratuit des produits de la Nature. Le « libre arbitre » a « chassé » notre espèce de l'Eden de l'innocence où le bonheur se vit sans qu'on ait à l'inventer.

Au sein de la riche Nature le bien-être des animaux réside dans les seules prévisions de leur biologie. Par contre, le bonheur de notre Espèce dépend exclusivement de nos propres efforts. « *Les oiseaux du ciel ne sèment ni ne moissonnent,* nous fait remarquer le Prophète de Nazareth , *cependant Salomon dans toute sa gloire n'a jamais été revêtu comme l'un d'eux* ».

C'est à nous, les Hommes, qu'il revient, en effet, de créer notre propre Paradis.

Chefs d'œuvre de la Nature, nous avons été, « apparemment condamnés », mais « plutôt promus », avant même l'existence de la farine et de la technologie qu'implique ce produit « *à gagner notre pain à la sueur de notre front* »...

Et *les oiseaux du ciel* dégustent avec ironie les fruits de nos laborieuses semailles.

Face à ce défit, et grâce a cette promotion, nous sommes « Homo Sapiens ».

A ce titre, nous devons trouver comment obtenir ce qu'il nous faut, tant pour subsister et pour grandir que pour nous vêtir, pour nous abriter, pour chanter, pour danser et pour rire.

Un poète nous dit :« ...*La Nature est là qui t'invite et qui t'aime...* ». Un autre lui fait dire le contraire « ...*On me dit une mère, mais je suis une tombe...* ».

L'un et l'autre disent vrai. Si nous admirons les beautés du paysage, nous devons apprendre à les protéger. S'il nous revient de subir les désastres aveugles de la nature, nous devons aussi chercher comment en contrôler les effets. C'est là toute la différence entre le « sauvage » et le « civilisé ». Le premier s'obstine, par **ignorance**, à vouloir continuer à vivre dans un « Paradis » qui n'existe que pour les animaux. Le second s'applique à tirer de la Nature ce dont il a besoin pour remplacer l'Eden.

Il nous revient, puisque nous avons une imagination et une intelligence, de continuer l'œuvre de la création en inventant ce qui nous convient, et même ce qui simplement nous plait. En aucun point de la planète l'intelligence et l'imagination de l'« *Homo Sapiens* » ne peuvent donc se passer des capacités et des talents de l'« *Homo Faber* ».

Le développement est une obligation de l'intelligence.

En Haïti toutes les causes qui créent notre retard de peuple se confondent en une seule : **l'ignorance.** Ce bandeau limite la vision de nos intellectuels, et aveugle la grande masse de nos citoyens. Dans nos campagnes les capacités tournent en rond dans l'ambiance d'une simple courtoisie de fraternité, cultivant la joie spontanée de vivre, privées de toute vision de développement. Nos bidonvilles ont faim, prisonniers du chômage. Les citadins virevoltent et esquissent des faux pas dans des directions sans issues.

Chez nous, jusqu'à hier, les changements à la présidence n'apportaient pas des changements d'orientation propices à l'avancement du Pays, mais, le plus souvent, étaient de simples opportunités -- que saisissaient ceux qui y aspirent -- à jouir, des avantages du pouvoir.

La solution est claire. Elle consiste à élaborer, « à partir de l'actuel libéralisme de pauvreté, un libéralisme de richesse »,.

C'est le moment d'élaborer un Plan impératif et consensuel de Développement national, à intégrer dans l'Economie mondiale. Disparus les ténèbres qui obnubilent nos intelligences et désorientent les aspirations de notre peuple, le reste viendra spontanément par voie de conséquence. Un fruit juteux sera récolté.

Le moment est critique. Nous sommes contraints de prendre d'importantes décisions. Devons nous nous laisser « occuper » par une puissance étrangère?... En mai 2001, à la troisième conférence de l'ONU, les Pays Avancés ont promis leur assistance aux PMA (Pays Moins Avancés). Nous sentons nous condamnés à recourir aux associations qu'ils nous offrent, et à dépendre essentiellement des autres? Ou bien... Sommes nous décidés à prendre en mains, nous-mêmes, le développement de notre « Haïti Chérie »?

Notre situation de peuple en misère est restée et restera inchangée, tant que nous n'aurons pas découvert ce que nous devons faire et que nous n'avons pas fait.

Il nous revient de conclure que nous avons tous, sans aucune exception, l'obligation de « **faire quelque chose** » pour sortir notre chère Haïti du gouffre dans lequel elle s'épuise.

Depuis ce fameux tremblement de terre du 12 janvier 2010 notre évolution immédiate dépend de l'assistance des autres nations. Mais ne nous croisons pas les bras.

Ne restons pas les yeux fermés.

Si nous ne faisons pas face à cette obligation de Progrès, si nous tirons plutôt profit de l'ignorance de nos compatriotes, nous devrons, nous-mêmes, nous considérer comme des **coupables**, assistant sans réagir à la dégradation du pays de nos ancêtres et de nos frères et de nos sœurs, en dépit de nos déclarations publiques et de nos comportements superficiellement patriotiques.

Si notre volonté en assure l'habilité, le sang africain qui arrose nos cerveaux y fera croître et fleurir une capacité d'invention toute pareille à celle qui anime la créativité du monde industriel.

L'heure est à l'action…

« *Homo sapiens,* soyons aussi *Homo faber!* »

En avant !... Oui. Nous pouvons !!!

***   ***   ***

Bibliographie

A

Anglade, Georges : **L'Espace Haïtien.** Les presses de l'Université de Québec, Canada, 1975.

Aristide, Jean-Bertrand : **Investir dans l'Humain.** Imprimerie Henri Deschamps, P-a-P. Haïti, 1999.

B

Benjamin, Dumas : **Les Conditions du Développement Economique d'Haïti.** Presses Nationales d'Haïti. P-a-P. Haïti, 1977.

D

Dabel, Verly : **La Crise Haïtienne ; Quelle(s) issue(s) ?** Arnegraph, P-a-P. Haïti, 1993,

Delince, Kern : **L'Insuffisance de Développement en Haïti.- Blocages et Solutions.** Edition Pegasus Books Plantation (Floride) U.S.A.

Deshommes, Fritz : **Vie chère et Politique Economique en Haïti.** L'Imprimeur II, P-a-P. Haïti.

Donner, Wolf (Dr.) **Ayti Potansyel Natirrel e Developman, Tradiksion Kreyol dapré Jeannot Hilaire**. Komité Edikréyol, Fribourg, Suisse, 1982.

E

Edition Fondih : **Propositions de Politique Economique** (Le livre blanc du secteur privé national) P-a-P. Haïti, 1991.

H

Honorat, Jean-Jacques : **Enquête sur le Développement**. Imprimerie Henri Deschamps. P-a-P. Haïti, 1974.
Honorat, Jean-Jacques : **Le Manifeste du Dernier Monde**. Imprimerie Henri Descaamps. P-a-P. Haïti, 1984

L

Luc, Jean : **Structures Economiques et Lutte Nationale Populaire en Haïti**. Editions Nouvelle Optique, Montréal, Canada, 1976

M

Magny, Edmond: **Haïti. Ressources Naturelles, Environnement : Une Nouvelle Approche**. Edition Henri Dschamps. P-a-P. Haïti, 1991.
Mission en Haïti : **Rapport de la Mission d'Assistance Technique des Nations Unies auprès de la République d'Haïti**. Lake Succes, N.Y. USA, 1949.

N

Numa, St. Arnaud : **Haïti. La Voie de sa Libération Economique**. Les Ateliers Fardin. P-a-P, Haïti, 1978.

P

Paul, Edouard C : **La Problématique Haïtienne et l'Intervention des Mass-Media.** Ateliers Fardin. P-a-P, Haiti, vol. 1, 1977 ; vol. II, 1978.

Piquion, René : **Ebène.** Imp. Henri Deschamps, P-a-P. 1976

S

Saint-Louis, René : **La Presociologie Haïtienne ou Haïti et sa Vocation Nationale (Eléments d'éthno-histoire haïtienne).** Collection Présence du Quebec, Canada, 1970.

Sam, Pierre D. **Gérer le réel haïtien (L'endogénie).** Imp. Henri Deschamps, P-a-P. 1988.

Secrétariat Général, Organisation des Etats Américains : **Haïti Mission d'Assistance Technique Intégrée.** 1972.

T

Tardieu, Jerry : **L'Avenir en face (Haïti à l'épreuve de la mondialisation et du défaitisme de ses élites).** Les Editions du CIDIHCA. Montréal, Canada. 2005.

Timothée, Serge : **Aménagement du Territoire et Développement Régional en Haïti.** Sherbrook, Quebec, Canada, 1986.

Turnier, Alain : **Les Etats-Unis et le Marché Haïtien.** Washington DC 1955

W

Wargny, Christophe : **Haïti n'existe pas. 1804-2004 : deux cents ans de solitude.** Edition Autrement, Paris, 2004.

www.ingramcontent.com/pod-product-compliance
Lightning Source LLC
Chambersburg PA
CBHW020012050426
42450CB00005B/431